**イラスト＋写真**で1ヵ月スピードマスター

# 英文法『イメトレ』

Andrew E. Bennett／小宮 徹 著

*Grammar Fitness*

南雲堂

# まえがき

　英語の学習書を手にとる人たちはどのような夢を想い描いているのでしょうか。海外旅行先で英語を話したい、ネイティブの友人を作って会話を楽しみたい、フェイスブックやツイッターで海外の人たちと交流したい、また、受験や検定試験などでいい点数を獲得したいという人も多いでしょう。ただし、英語を学ぶ皆さんの目標は同じはずです。それはこれまで勉強してきた教室の外（自分の部屋の外）で生の英語を使えるようになる、つまり、英語でコミュニケーションできるようになることです。では、「コミュニケーションできる」とはどのようなことかというと、いわゆる4技能（読む <Reading>、聴く <Listening>、書く <Writing>、話す <Speaking>）がバランス良く身についているということになります。

　英文法はその4技能の土台となるものです。英文法の理解がなくてはその上の4技能の向上はありえません。

　これまでの英文法の学習書の多くは、日本語の説明が長く、それを読みこなすだけで頭の中がいっぱいになってしまうものばかりでした。そこで本書は、写真やイラストを使って直感（イメージ）で英文法の項目を理解し、例文や会話文でその確認と定着を図れるようにしています。1日1項目（Part 1～Part 3）を読み進めていくことで、およそ1ヵ月で英文法の基本が身につくようになっています。

　さらに4日ごとに用意されている復習や付属の音声による例文の暗記により、真の英語コミュニケーション能力を養うことができます。本書を十二分に活用して、「英語が使える人」の一員となり自分の夢を実現しましょう。


アンドルー・ベネット

# この本の使い方

　本書は、英文法の基礎的な 24 項目を取りあげ、Day 1 〜 Day 24 ＋ 6 回の復習で構成されています。つまり、1 日 1 項目を消化することによりおよそ 1 ヵ月で中学・高校で日本人が学習する英文法のすべてを身につけることができます。
　それぞれのユニットは、Part 1 から Part 3 に分けられています。

　Part 1 では、その日取りあげる文法事項の 3 つの基本的役割を解説し、それぞれ写真の助けを借りながら場面をイメージして英語例文を見ていきます。

　Part 2 は、イラストから場面を頭の中にイメージしてその日の文法項目を使った簡単な英文を作成するエクササイズページです。日本語が母国語である私たちは、目で認識したものをまずは日本語で考え、それを英語に変換するという頭の中の作業をしがちです。しかしながら、場面と例文を結びつけて習得することにより場面からダイレクトに英文変換できるようになります。

　Part 3 は、会話による実践力強化のためのアクティビティーです。実際のコミュニケーション場面を想像しながら、読んで、聴いて、まねをして、英文を自分のものにしましょう。

　グローバル社会においては、「発信型の英語」の習得が欠かせませんが、シンプルで、基本的な英文の知識を身につけていくことが一番の近道です。この本の例文をマスターすれば、英文法の力だけではなく、基本的な英会話に不便を感じることも少なくなるはずです。

この本の使い方 Part 1

> 各文法項目について1〜3の3つの役割を説明しています。

## 1. 様子や状態を表す（be ＋ 形容詞）

**Appearances and States**

02

## She **is** surprised.
彼女は驚いている

> まずは写真を見て、イメージをふくらませて上の英文を確認します。

**Example**

I **am** tired.
（私は疲れている。）

He **is not** hungry.
（彼はおなかがへっていない。）

**Are** they ready yet?
（彼らはもう用意できていますか。）

> CDを聴く、リピートする、音読するの3ステップで、例文を自分のものにしましょう。

> 各文法項目を簡単に日本語で説明しています。

be 動詞の現在形には am, are, is があり、主語が I のときは am を、you と they そして名詞の複数には are を、he, she, it そして単数の名詞には is を使う。否定文は be 動詞のあとに not を置いて作り、疑問文は主語と be 動詞の順番を逆にして作る。「主語 ＋ be 動詞 ＋ 形容詞」という文では、その主語となっている人や物の様子や状態を表すことができる。

Step 1 イラスト＋日本語 → Step 2 英語 → Step 3 CD

Step 1: イラストと日本語を見ながらイメージしてみよう。
Step 2: 英文を声に出して言ってみよう。
Step 3: CD を聴いて確認し、何度も練習してみよう。

## イラストでイメージしてみよう！

イラストでイメージをふくらませながら英語を確認してみよう。

Step 1 イラスト＋日本語 → Step 2 英語 → Step 3 CD

Step 1
イラストと日本語を見ながらイメージしてみよう。

1. 彼らは寒い。

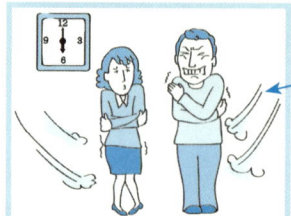

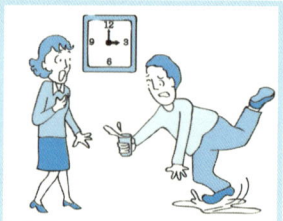

2. 彼女は驚いている。

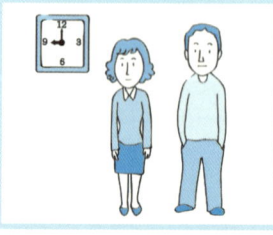

3. 今は 9 時だ。

Step 2
英文を声に出して言ってみよう。

**Answer**

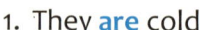

MP3 05

1. They **are** cold.
2. She **is** surprised.
3. It **is** 9:00 (o'clock).

Step 3
CD を聴いて確認し、何度も練習してみよう。

Step 1 Read → Step 2 Listen → Step 3 Shadowing

Step 1: 英文と和訳に目を通して内容を理解しよう。
Step 2: CD を聴いて確認しよう。
Step 3: シャドーイングしてみよう。

**Shadowing（シャドーイング）とは…**
ネイティブに近い発音を身につける一番の練習法です。もちろん英語力全体が向上します。

**やり方**
最初は本を見ながら音声を流して、少し遅れて英文を音読していきます。ここで注意してほしいのは途中で止めないことです。最終目標は本を見なくても音声にあわせて英語が発話できるようになることです。（カラオケで画面を見ずに歌えるようになるのと同じことです。）

## 実際の使い方を覚えよう！

Helen　Mark

会話での使い方を具体的な場面を想像しながら練習してみよう。

Step 1 Read → Step 2 Listen → Step 3 Shadowing

MP3 06

Helen: Hi, Mark. Long time, no see. How **are** you?
Mark: Pretty good, thanks. How about yourself?
Helen: **I'm** about the same. So, do you still live downtown?
Mark: No, **I'm not** at that place anymore. I live over by the river now.
Helen: **That's** a beautiful area! How **is** your wife?
Mark: **She's** great. Thanks for asking.

ヘレン：　こんにちは、マーク。ひさしぶりね。元気？
マーク：　やあ、元気だよ。君自身はどう？
ヘレン：　私も元気にしているわ。まだダウンタウンに住んでいるの？
マーク：　いや、もうあそこには住んでいないよ。僕は今、川の近くのところに住んでいるんだ。
ヘレン：　素晴しいところよね！奥さんも元気にしているの？
マーク：　彼女も元気にやってるよ。ありがとう。

# Contents

| | | |
|---|---|---|
| まえがき | | 2 |
| この本の使い方 | | 4 |
| Day 1 | be 動詞 | 11 |
| Day 2 | 現在形 | 17 |
| Day 3 | 過去形 | 23 |
| Day 4 | 代名詞 | 29 |
| Review Section | | 35 |
| Day 5 | 前置詞 | 37 |
| Day 6 | 進行形 | 43 |
| Day 7 | 名詞と冠詞 | 49 |
| Day 8 | 助動詞 | 55 |
| Review Section | | 61 |
| Day 9 | 提案と命令 | 63 |
| Day 10 | 未来形 | 69 |
| Day 11 | 疑問詞を使った疑問文と付加疑問文 | 75 |
| Day 12 | 形容詞 | 81 |
| Review Section | | 87 |

| | | | |
|---|---|---|---|
| Day 13 | 比較 | | 89 |
| Day 14 | 副詞 | | 95 |
| Day 15 | 不定詞 | | 101 |
| Day 16 | 動名詞 | | 107 |
| Review Section | | | 113 |
| Day 17 | 接続詞 | | 115 |
| Day 18 | 受動態 | | 121 |
| Day 19 | 接頭辞・語根・接尾辞 | | 127 |
| Day 20 | 形容詞節 | | 133 |
| Review Section | | | 139 |
| Day 21 | 副詞節 | | 141 |
| Day 22 | 仮定法 | | 147 |
| Day 23 | 名詞節 | | 153 |
| Day 24 | 現在完了 | | 159 |
| Review Section | | | 165 |

# Day 1

## be 動詞

### be 動詞の役割を知ろう

1. 様子や状態を表す
2. 事実を述べる
3. 時間や場所などを示す

be 動詞

# 1. 様子や状態を表す（be ＋ 形容詞）

**Appearances and States**

 02

## She **is** surprised.
彼女は驚いている。

Example

I **am** tired.
（私は疲れている。）

He **is not** hungry.
（彼はおなかがへっていない。）

**Are** they ready yet?
（彼らはもう用意できていますか。）

be 動詞の現在形には am, are, is があり、主語が I のときは am を、you と they そして名詞の複数には are を、he, she, it そして単数の名詞には is を使う。否定文は be 動詞のあとに not を置いて作り、疑問文は主語と be 動詞の順番を逆にして作る。「主語 ＋ be 動詞 ＋ 形容詞」という文では、その主語となっている人や物の様子や状態を表すことができる。

## 2. 事実を述べる

### Information

 03

They **are** good friends.
彼らは親友だ。

Example

We **are** brothers.
（私たちは兄弟だ。）

It **is not** my jacket.
（それは私の上着ではありません。）

**Are** you a doctor?
（あなたは医者ですか。）

---

「主語 + be 動詞 + 名詞」という文では、「主語 = 述語」つまり「…（主語）は…（名詞）である」という情報を伝えることができる。

be 動詞

# 3. 時間や場所などを示す（be ＋前置詞句）

**Locations, Times, etc.**

 04

That **is not** my tie.
それは僕のネクタイじゃないよ。

Example

The party **is** on Friday.
（そのパーティーは金曜日に開かれる。）

Larry **isn't** from Canada.
（ラリーはカナダ出身ではない。）

**Is** the sugar in the box?
（箱の中に砂糖は入っていますか。）

> be 動詞のあとに、日時や場所を表す語句を続けると、あることが起こる時間や、何かが存在する場所などを言い表すことができる。

Day 1

# イラストでイメージしてみよう！

イラストでイメージをふくらませながら英語を確認してみよう。

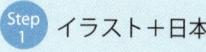     

1. 彼らは寒い。

2. 彼女は驚いている。

3. 今は9時だ。

----

Answer

1. They **are** cold.
2. She **is** surprised.
3. It **is** 9:00 (o'clock).

be 動詞

# 実際の使い方を覚えよう！  Helen  Mark

会話での使い方を具体的な場面を想像しながら練習してみよう。

 Read →  Listen →  Shadowing

 06

: Hi, Mark. Long time, no see. How **are** you?

: Pretty good, thanks. How about yourself?

: **I'm** about the same. So, do you still live downtown?

: No, **I'm not** at that place anymore. I live over by the river now.

: **That's** a beautiful area! How **is** your wife?

: **She's** great. Thanks for asking.

ヘレン： こんにちは、マーク。ひさしぶりね。元気？
マーク： やあ、元気だよ。君自身はどう？
ヘレン： 私も元気にしているわ。まだダウンタウンに住んでいるの？
マーク： いや、もうあそこには住んでいないよ。僕は今、川の近くのところに住んでいるんだ。
ヘレン： 素晴しいところよね！奥さんも元気にしているの？
マーク： 彼女も元気にやってるよ。ありがとう。

# Day 2

## 現在形

### 現在形の役割を知ろう

1. 反復する動作や日常の習慣を表す
2. 一般的な真理や事実を述べる
3. 感情、知覚、所有を表現する

現在形

# 1. 反復する動作や日常の習慣を表す

**Repeated Actions and Habits**

 07

He **exercises** every day.

彼は毎日、運動をする。

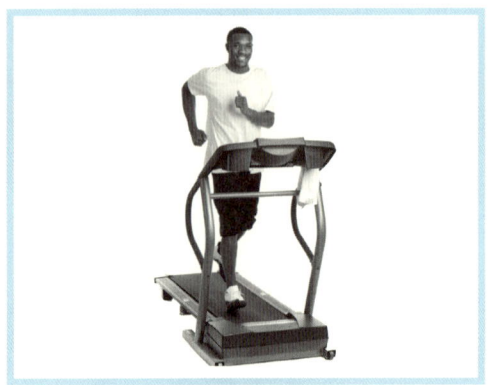

### Example

I **take** the train to school every day.
（私は毎日、電車で通学する。）

Yoshihiko **doesn't live** here anymore.
（良彦はもうここには住んでいない。）

**Does** she always **eat** lunch at 12:30?
（彼女はいつも昼食を12時半に食べるのですか。）

毎日の通勤や通学などの反復する動作や日常の習慣などを言い表す場合には、動詞の現在形が使われる。その場合、every day, anymore, always, sometimes, rarely, never などの頻度を表す副詞とともに使われることが多い。一般動詞の否定文は、do not (don't) または does not (doesn't) を動詞の前に置き、疑問文は do または does を文頭に置いて作る。

Day 2

## 2. 一般的な真理や事実を述べる

**Truths**

 08

**There are** five kittens in the box.
箱の中には 5 匹の子猫がいます。

Example

**There are** 24 hours in a day.
（1 日には 24 時間ある。）

He **doesn't play** the guitar.
（彼はギターを弾かない。）

**Does** the camera **need** four batteries?
（そのカメラは 4 つの電池が必要なのですか。）

不変の自然現象や科学的な真理、日常生活の中の客観的な事実を言い表す場合に、動詞の現在形が使われる。

現在形

## 3. 感情、知覚、所有を表現する

**Feelings, Perceptions and Possession**

 09

## She **doesn't know** the answer.
彼女にはその答えがわからない。

**Example**

I **feel** great!
（気分は最高だ！）

She **doesn't like** pizza.
（彼女はピザが好きではない。）

**Do** you **own** a green car?
（あなたは環境に優しい車を持っていますか。）

---

feel や like, hate などの動詞で人が現在経験している感覚や感情を表現する場合、have や own などの動詞で現在何かを「持っている」という場合、そして believe, cost, know などの動詞で現在の状態を表す場合、現在形が使われる。

Day 2

# イラストでイメージしてみよう！

イラストでイメージをふくらませながら英語を確認してみよう。

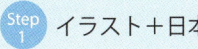 →  →

1. 彼はリンゴが嫌いだ。

2. テーブルの上にはリンゴがいくつかある。

3. 彼はいくつかリンゴを持っている。

**Answer**  10

1. He **hates** apples.
2. **There are** some apples on the table.
3. He **has** some apples.

現在形

# 実際の使い方を覚えよう！  Peter  Staff

会話での使い方を具体的な場面を想像しながら練習してみよう。

 Read →   Listen →   Shadowing

 11

 : Excuse me. Is Catherine here?

 : I'm afraid not. She **doesn't work** here anymore.

 : Oh, that's too bad. I really **need** to talk to her. **Do** you **have** her phone number?

 : I'm sorry, we **don't give** out personal information. But please **leave** your number. I can give her the message.

 : Thanks so much. **Do** you **have** a pen?

 : Sure, **there's** one in the cup over there.

ピーター： すみません。キャサリンはいらっしゃいますか。
社員： 残念ながら、居りません。彼女はもうここでは働いていないのです。
ピーター： ああ、それはとても残念です。彼女とどうしても話をする必要があったので。彼女の電話番号はわかりますか。
社員： 申し訳ありませんが、こちらでは個人情報をお伝えできません。ですが、あなたの電話番号をお残しください。私が彼女にメッセージを伝えますから。
ピーター： それはどうもありがとう。ペンはありますか。
社員： ええ、そこのカップの中に入っています。

# Day 3

## 過去形

### 過去形の役割を知ろう

1. 過去についての肯定文と否定文を作る
2. 過去についての疑問文を作る
3. 過去の習慣・継続的な状態を表す

過去形

# 1. 過去についての肯定文と否定文を作る

**Positive and Negative Statements**

 12

He **ate** a big breakfast.
彼は朝食をたっぷりと食べた。

Example

I **called** Bruce this morning.
（私は今朝、ブルースに電話をした。）

The friends **were** happy to see each other.
（その友人同士は、お互いに顔を合わせることができて喜んだ。）

He **did not leave** a message.
（彼はメッセージを残さなかった。）

動詞の過去形は、過去のある時点における動作や状態、過去の習慣などを表すために使われる。be 動詞の過去形は was と were の2種類だが、一般動詞は動詞の原形に -ed を付けるもの（規則動詞）と、独自の形を持ったもの（不規則動詞）とがある。否定文を作るときは、be 動詞では was not (wasn't) か were not (weren't) を使い、一般動詞では、「did not (didn't) ＋ 動詞の原形」となる。

## 2. 過去についての疑問文を作る

**Asking Questions**

 13

# Where **did** my car go?
私の車はどこに行ったんだ。

**Example**

**Were** you a member of the soccer team? (Yes, I **was**.)
(あなたは、そのサッカーチームのメンバーだったのですか。——はい、そうでした。)

**Did** you **turn** the light off? (Yes, I **did**.)
(ライトは消しましたか。——はい、消しました。)

When **did** he **leave**? (He **left** at 10:00.)
(彼はいつ出発したのですか。——彼は10時に出ました。)

過去形の疑問文は、be 動詞の場合は was か were を文頭に置いて作り、一般動詞の場合は did を文頭に置いて「Did + 主語 + 動詞の原形」のようにして作る。疑問詞を使った疑問文では、「疑問詞 + did + 主語 + 動詞の原形」という形になる。

## 3. 過去の習慣・継続的な状態を表す

**used to**

 14

## This **used to** be a movie theater.
ここは、かつて映画館だった。

**Example**

We **used to** live in Aomori. Now we live in Fukuoka.
（私たちは、以前は青森に住んでいた。今は福岡に住んでいる。）

That **used to** be a parking lot. Now there's a clinic there.
（そこは、かつて駐車場だった。今はそこには診療所がある。）

I **didn't use to** like jazz. But now I love it.
（私は、以前はジャズが好きではなかった。でも今は大好きだ。）

過去の長い期間にわたる習慣について「昔はよく…していた」と言ったり、過去において長期間続いていた状態について「以前は…だったものだ」と説明したりする場合に、「used to ＋ 動詞の原形」が使われる。否定文は「didn't use to ＋ 動詞の原形」。

Day 3

# イラストでイメージしてみよう！

イラストでイメージをふくらませながら英語を確認してみよう。

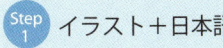     

1. ジェニファーは以前、農場に住んでいた。

2. 彼女は、ニワトリにえさをやった。

3. 彼女は野菜も栽培していた。

4. それはきつい仕事だった。毎晩、彼女は疲れきっていた。

........................................

Answer   15

1. Jennifer **used to** live on a farm.
2. She **fed** the chickens.
3. She also **raised** vegetables.
4. It **was** hard work. Every night, she **was** tired.

過去形

# 実際の使い方を覚えよう！ Toshi　Lana

会話での使い方を具体的な場面を想像しながら練習してみよう。

 Read →  Listen →  Shadowing

 16

　: Hi, Lana. **Did** you **have** a nice time in Hakone?

　: Yes, thank you. We **went** to a beautiful museum. We also **played** in the snow. I even **built** a snowman!

　: Sounds fun, but kind of cold.

　: I **used to** live in Hokkaido. So I love the snow. Anyway, sorry I **didn't take** many photos. But I **bought** you a present.

　: Wow, it's a little snow globe.* Thank you!

　: You're welcome.

トシ：　　やあ、ラナ。箱根では楽しかったかい。
ラナ：　　ええ、おかげさまで。私たちは美しい美術館へ行ったのよ。私たちは雪遊びもしたわ。私は雪だるままで作ったのよ。
トシ：　　楽しそうだけど、ちょっと寒そうだね。
ラナ：　　私は以前、北海道に住んでいたの。だから雪は大好きよ。それはそうと、残念ながらあまりたくさん写真を撮らなかったの。でもあなたにお土産を買ってきたわ。
トシ：　　わあ、かわいらしいスノーグローブだね。ありがとう！
ラナ：　　どういたしまして。

＊ スノーグローブ＝透明の容器に液体と雪に見立てた小片などを入れ、それを動かすことで雪景色を作り出せる置物。日本ではスノードームとも呼ばれている。

# Day 4

## 代名詞

### 代名詞の役割を知ろう

1. 主語として使う
2. 目的語として使う
3. 所有を表す

代名詞

# 1. 主語として使う

## Subject Pronouns

 17

**I** work at a bank.
私は銀行で働いている。

**Example**

**He** works at a bakery.
（彼はパン屋で働いている。）

**We** don't like spicy food.
（私たちは辛い食べ物は好きではない。）

Does **she** have a sister?
（彼女には姉妹がいますか。）

人や物を表す代名詞は、動作の主体、すなわち主語として使うことができる。語順は基本的に「主語 + 動詞（+ 目的語・補語）」となる。疑問文の場合は、do, does, did などの助動詞を先頭に置いて「助動詞 + 代名詞 + 動詞の原形（+ 目的語・補語）」とする。

## 2. 目的語として使う

**Object Pronouns**

 18

## Joe gave **her** flowers.
ジョーは彼女に花束をあげた。

**Example**

Jennifer sent **me** a card.
（ジェニファーは私にカードを送ってきた。）

I did not see **her** at the office.
（私は彼女を会社で見かけなかった。）

Did Phil buy **it** at a department store?
（フィルは、それをデパートで買ったのですか。）

代名詞を動詞の目的語として使う場合は、その直後に置かれる。ただし、人を表す人称代名詞の場合には、次のように語形が変化するものがある：
I – me / we – us / he – him / she – her / they – them

代名詞

# 3. 所有を表す

**Possessives**

 19

## The dog is **ours**.
この犬は、私たちの犬です。

**Example**

The wallet is **mine**.
(その財布は私のものです。)

That isn't **their** logo.
(それは彼らのロゴではありません。)

What's **your** address?
(あなたの住所はどこですか。)

> 代名詞を使って「の…」という所有関係を表す場合は、「代名詞の所有格＋もの」という形をとる。また、it 以外の代名詞には、mine（私のもの）, yours（あなたのもの）というように、それだけで名詞の働きをする所有代名詞がある。

# イラストでイメージしてみよう！

イラストでイメージをふくらませながら英語を確認してみよう。

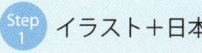    

1. ダンは疲れている。彼は座っている唯一の人物だ。

2. 彼らは、みな座っている。

3. メアリーは、2人の友人と部屋に入った。彼女は座った最初の人物だ。

Answer

1. Dan is tired. **He** is the only person sitting down.
2. **They** are all sitting down.
3. Mary went into the room with two friends. **She** was the first person to sit down.

# 実際の使い方を覚えよう！  Thomas  Wendy

会話での使い方を具体的な場面を想像しながら練習してみよう。

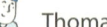

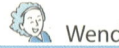

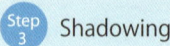

Step 1 Read → Step 2 Listen → Step 3 Shadowing

MP3 21

 : **We** got a new salesperson today. **He** seems like a nice guy.

 : That's good. Where is **he** from?

 : Dallas, **I** think. **I** showed **him** around the office. **He** really liked the employee break room.

 : **It** really is a pretty room. **I** love the sofa in there. So, are **you** two on the same floor?

 : Actually, **his** desk is right next to **mine**.

 : Nice. **He** sounds like a good guy to work with.

トーマス：　僕たちのところに新しい営業部員が今日やってくるんだ。彼は好人物みたいだよ。
ウェンディ：　それはよかったわ。彼はどこの出身なの。
トーマス：　ダラスだと思う。僕は社内を彼に案内して回ったんだ。彼は社員の休憩室をとても気に入っていたよ。
ウェンディ：　そこは本当にきれいな部屋よね。私はそこにあるソファーが大好き。それで、あなたがた２人は同じ階にいるの。
トーマス：　実は、彼の机は僕の机のすぐ隣りなんだ。
ウェンディ：　いいわね。彼は一緒に仕事をするのに素晴しい人に思えるわ。

# Review Section

## Day 1

（　）内の正しい語を選んで文を完成させてみよう。

1. Tina and I ( am / are ) classmates.
2. ( Am / Are ) I on time?
3. All of us ( is / are ) old friends.

## Day 2

次の文のあとに続く表現の記号を選んでみよう。

1. Every day, I _____
2. Do you often _____
3. The sports center doesn't _____

    (A) watch movies here?
    (B) have a swimming pool.
    (C) wake up at 7:45.

## Day 3

（　）内の動詞を変えて過去の文にしてみよう。

1. She _____ (buy) a bag of popcorn and a soda.
2. The friends _____ (take) a bus to Yokohama.
3. Mark and Francis _____ (be) at the wedding.

## Day 4

（　）内の正しい語を選んで文を完成させてみよう。

1. Please give ( she / her ) my best wishes.
2. I saw Phil today. I heard the news from ( he / him ).
3. The car isn't ( their / theirs ). They drive a Toyota.

Review Section Day 1 ~ Day 4

## Day 1

1. are　　　ティナと私はクラスメートだ。
2. Am　　　私たちは時間に間に合いましたか。
3. are　　　私たちはみな昔なじみだ。

## Day 2

1. (C)　　　毎日、私は7時45分に起きる。
2. (A)　　　あなたは、ここでよく映画を見ますか。
3. (B)　　　そのスポーツセンターには水泳プールがない。

## Day 3

1. bought　彼女はポップコーン1袋とソーダを買った。
2. took　　仲間たちは、横浜までバスに乗った。
3. were　　マークとフランシスは、その結婚式に出ていた。

## Day 4

1. her　　　彼女によろしくお伝えください。
2. him　　　私は今日、フィルに会った。私はそのニュースを彼から聞いた。
3. theirs　　その車は彼らのものではありません。彼らはトヨタ車を運転しています。

# Day 5

## 前置詞

### 前置詞の役割を知ろう

1. 時・日付・季節などを表す
2. 場所を表す
3. その他の用法

前置詞

# 1. 時・日付・季節などを表す

**Time, Date and Season**

## The concert starts **at** 7:30.
コンサートは7時半に始まる。

### Example

She was born **in** 1988.
（彼女は1988年に生まれた。）

The exhibit doesn't open **until** March 10.
（その展覧会は3月10日まで開催されない。）

Will you arrive **at** 3:00 or 4:00?
（あなたが到着するのは3時ですか、それとも4時ですか。）

---

英語には、時を表すための前置詞がいくつかあり、その使い分けを覚えておく必要がある。一般的な規則として、「…時に」では at、「…日に／…曜日に」では on、「…月に／…年に／春（夏・秋・冬）に」では in が使われる。after と since はどちらも「…のあとで」という意味だが、since は現時点まで「…からずっと」という継続の意味が含まれている。また、by と until はともに「…まで」という意味だが、until には「…までずっと」という継続の意味が含まれている。

## 2. 場所を表す

### Location

## The boat is going **under** the bridge.
その船は橋の下を通過している。

**Example**

I will hang the calender **beside** the window.
（そのカレンダーを、窓の横にかけておきます。）

There aren't any Indian restaurants **near** here.
（この近くには、インド料理屋は一軒もない。）

Is your car **in front of** the convenience store?
（あなたの車はコンビニの正面にあるのですか。）

> 場所を表す前置詞でよく使われるのが at, in, on で、at は具体的な建物や「…番地」など、広がりのない狭い場所、in は市町村や区、県、地域、国などの広い場所、on は「…通り」などに使われることが多い。これ以外の前置詞についても、使い分けを整理して覚えておくとよい。

## 3. その他の用法

**Other uses**

## He is **against** the idea.
彼はその考えには反対だ。

**Example**

The flowers are **for** my mother.
（その花束は、私の母のためのものです。）

I never go outside **without** my umbrella.
（私は、傘を持たずに外出することは絶対にありません。）

Are you still **against** the plan?
（あなたは、まだその計画に反対なのですか。）

前置詞は、時間や場所以外にもさまざまな意味を表すことができる。例文中の for は「…のために」、without は「…なしで」、against は「…に反対で」ということである。

Day 5

# イラストでイメージしてみよう！

イラストでイメージをふくらませながら英語を確認してみよう。

Step1 イラスト＋日本語 → Step2 英語 → Step3 CD

1. そのネコはテーブルの脇にいる。

2. そのネコはテーブルの上にいる。

3. そのネコはテーブルの下にいる。

Answer　MP3　25

1. The cat is **beside** the table.
2. The cat is **on** the table.
3. The cat is **under** the table.

前置詞

# 実際の使い方を覚えよう！  Sue   Frank

会話での使い方を具体的な場面を想像しながら練習してみよう。

Step 1 Read → Step 2 Listen → Step 3 Shadowing

MP3 26

- : Thanks **for** helping me. I couldn't do all this **by** myself.
- : My pleasure. Where do these boxes **of** copy paper go?
- : Those go **in** the other room. Please put them next **to** the copy machine.
- : Sure. So, when is the grand opening?
- : Actually, it's **on** June 15.
- : That's pretty soon! Well, I can stay **until** 7:30 tonight. If you want, I can come back again tomorrow.

スー： 手伝っていただいてありがとう。これ全部、とても1人ではできなかったわ。
フランク： どういたしまして。このコピー用紙の箱はどこに運ぶのかな。
スー： それは別の部屋に運ぶの。コピー機の横に置いてもらえるかしら。
フランク： わかった。それで、開店はいつなんだい？
スー： 実は、6月15日なの。
フランク： それはもうすぐだね。ええと、僕は今夜、7時半までならここにいられるんだ。もしお望みなら、明日また戻ってくることもできるよ。

# Day 6

## 進行形

### 進行形の役割を知ろう

1. 現在進行中の動作を表す
2. 過去における進行中の動作を表す
3. 進行中の動作を尋ねる

進行形

# 1. 現在進行中の動作を表す
## Present Progressive

🎵 27

They **are building** a house.
（彼らは家を建てている。）

**Example**

I **am having** a lot of fun.
（私は大いに楽しんでいる。）

We **are not doing** anything.
（私たちは何もしていない。）

She'**s hoping** to find a part-time job.
（彼女はアルバイトを見つけたいと思っている。）

> ある動作や状態が今現在も続いている場合、「be 動詞 ＋ 動詞の ing 形」を使って「今…している」という意味を表すことができる。その場合、be 動詞は主語と対応した形（am / are / is）を使う。否定文にする場合は、be 動詞のあとに not を置く。

## 2. 過去における進行中の動作を表す

**Past Progressive**

🎧 28

# We **were sitting** under a tree.
私たちは1本の木の下に座っていた。

**Example**

I **was living** in Nagasaki in 2008.
（私は2008年に長崎に住んでいた。）

She **wasn't planning** to get a new car.
（彼女は、新しい車を買うつもりはなかった。）

They **were thinking** of traveling to France.
（彼らはフランスに旅行することを考えていた。）

> 過去のある時点において進行中だった動作や状態を表す場合は、「be 動詞の過去形 + 動詞の ing 形」を使って「…していた」と表現することができる。この場合の be 動詞は、was もしくは were のいずれかである。否定文にする場合は、be 動詞のあとに not を置く。

## 3. 進行中の動作を尋ねる

### Asking Questions

**Are** you **leaving** now?
あなたはもう帰るのですか。

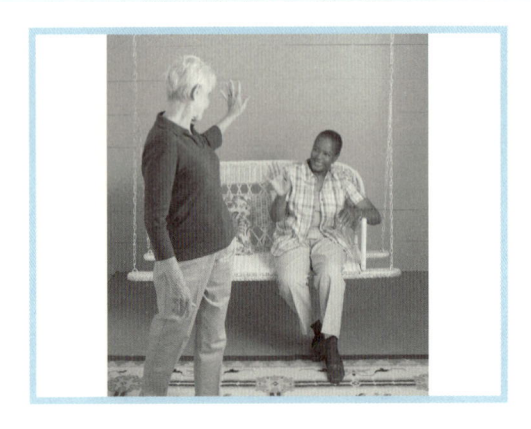

Example

**Are** you still **taking** photography classes?
（あなたは今でも写真教室を受講しているのですか。）

**Were** you **working** in the garden all morning?
（あなたは午前中ずっと庭仕事をしていたのですか。）

Where **are** you **going**?
（あなたはどこへ行くつもりなのですか。）

現在形でも過去形でも、進行形の疑問文を作る場合は「be 動詞 ＋ 主語 ＋ 動詞の ing 形」の語順となる。また、What や Where などの疑問詞で始まる疑問文は、さらにその疑問詞を文頭に置く。

Day 6

# イラストでイメージしてみよう！

イラストでイメージをふくらませながら英語を確認してみよう。

Step 1 イラスト＋日本語 → Step 2 英語 → Step 3 CD

1. 彼は誰かを待っている。

2. 彼は一生懸命に勉強している。

3. 彼は歩き回っている。

Answer　MP3 30

1. He **is waiting** for someone.
2. He **is working** hard.
3. He **is walking** around.

47

進行形

# 実際の使い方を覚えよう！ Mitsuko　Hiro

会話での使い方を具体的な場面を想像しながら練習してみよう。

Step 1 Read → Step 2 Listen → Step 3 Shadowing

MP3 31

- : Sorry I couldn't see you yesterday. I was in Sapporo all day.
- : That's all right. What **were** you **doing** there?
- : I **was visiting** my uncle in the hospital.
- : Oh, I'm sorry to hear that. Is it serious?
- : No, he just had a skiing accident. He **is getting** better now. Also, my mother and sister **are taking** turns making his meals. They visit him every day.
- : That's so nice of them! Actually, I **am hoping** to visit Sapporo soon. Maybe we can go together.

| | |
|---|---|
| ミツコ： | ごめんなさい、昨日あなたにお会いできなくて。私は1日中、札幌にいたの。 |
| ヒロ： | いいんですよ。あなたは札幌で何をしていたのですか。 |
| ミツコ： | 私は入院しているおじをお見舞いに行っていたのよ。 |
| ヒロ： | おや、それはお気の毒に。重い病気なのですか。 |
| ミツコ： | いいえ、おじはスキーで事故を起こしただけよ。今はもう回復に向かっているわ。それに、私の母と姉（妹）が交代で食事を作ってあげているの。2人は毎日おじを見舞いに行っているわ。 |
| ヒロ： | 2人はとても優しいのですね。実は、僕も近いうちに札幌に行きたいと思っています。たぶん、僕たちはいっしょに行けるかもしれませんね。 |

# Day 7

## 名詞と冠詞

### 名詞と冠詞の種類を知ろう

1. 数えられる名詞
2. 数えられない名詞
3. 不定冠詞と定冠詞

名詞と冠詞

# 1. 数えられる名詞

## Countable Nouns

MP3 32

## The **trees** are tall.
ここの木々は、丈が高い。

Example

The **store** sells many interesting **things**.
(その店は、いろいろ面白いものを売っている。)

**Cities** are not usually quiet **places**.
(都会は、たいてい静かな場所ではない。)

Can you carry all the **bags**?
(あなたは、そのカバンをすべて運ぶことができますか。)

> 「建物」や「場所」、「品物」など、具体的な形や範囲がある名詞は、数えられる名詞(可算名詞)として扱われ、それが複数ある場合にはふつう語尾にsが付けられる。辞書ではcountableの頭文字「C」で示される。

## 2. 数えられない名詞

**Uncountable Nouns**

MP3 33

## Would you like some **water**?
お水はいかがですか。

### Example

Here is the **information**.
（ここにその情報があります。）

She doesn't have enough **time**.
（彼女には十分な時間がない。）

Did you buy some **milk**?
（あなたは牛乳を買いましたか。）

> 「情報」や「時間」、「液体」など、まとまった形やはっきりした範囲を持たない名詞は、数えられない名詞（不可算名詞）で、複数形にすることはできない。辞書では uncountable の頭文字「U」で表される。

名詞と冠詞

# 3. 不定冠詞と定冠詞

## Articles

🎵 34

### **The** Eiffel Tower is famous.
エッフェル塔は有名だ。

**Example**

It's **a** big university. **The** university has a lot of great teachers.
(それは大きな大学だ。その大学には数多くの優れた教師がいる。)

**The** Yellow River is not in Italy.
(黄河はイタリアにはない。)

Why is **the** moon so bright tonight?
(今夜はなぜ月がこんなに明るいのでしょう。)

---

不定冠詞の a や an は、1つのまとまった形のある名詞の前に付けられる。ただし、同じ名詞に再び言及するときは、定冠詞の the を付けて「その…」と表現する。また、特定の川、山、海、海峡、群島、砂漠などの地名や、「月」や「太陽」など、自然界に1つしかない天体名の前には the が付けられる。a lot of の場合の lot は数詞で、慣用的に a が付く。(他の例：a few, a number of など。)

Day 7

# イラストでイメージしてみよう！

イラストでイメージをふくらませながら英語を確認してみよう。

Step 1 イラスト＋日本語 → Step 2 英語 → Step 3 CD

1. 昨日の午後、私はペットショップに入った。

2. その店にはたくさんのネコがいた。

3. 私はかわいいトラネコを選んだ。

4. 帰り道、私はそのケージをしっかりと腕に抱えた。

**Answer** 🎵 35

1. Yesterday afternoon, I went into **a** pet shop.
2. **The** store had many cats.
3. I chose **a** pretty striped cat.
4. On **the** way home, I held **the** cage in my arms.

53

名詞と冠詞

# 実際の使い方を覚えよう！　Hostess　Guest

会話での使い方を具体的な場面を想像しながら練習してみよう。

Step 1 Read → Step 2 Listen → Step 3 Shadowing

MP3 36

- : Welcome to **the** Gardener. How many **people** are in your **party**?
- : Six for now. But one more **person** might join us later.
- : No **problem**. Would you like **a table** in **the** smoking or non-smoking **section**?
- : Non-smoking please.
- : Certainly, right this **way**. **The salad bar** is at **the back** of **the restaurant**. Here's **an** extra **menu** for your **friends**.
- : Perfect, thank you.

接客係：　ガーデナーにようこそ。お連れ様は何名でしょうか。
お客：　今は6人です。でも、あとでもう1人加わるかもしれません。
接客係：　それは大丈夫です。テーブルは喫煙席、それとも禁煙席のどちらがよろしいでしょうか。
お客：　禁煙席をお願いします。
接客係：　わかりました。こちらへどうぞ。サラダバーはレストランの後方にあります。お連れの方のためにもう1つメニューをどうぞ。
お客：　それはどうもありがとう。

# Day 8

## 助動詞

### 助動詞の役割を知ろう

1. 能力の度合を示す
2. 可能性の度合いを示す
3. 義務の度合いを示す

助動詞

# 1. 能力の度合いを示す

**Levels of Ability**

🎧 37

## She **can** jump very high.
彼女はとても高くジャンプできる。

Example

She **can** play the flute very well.
（彼女はとても上手にフルートを吹ける。）

We **cannot** finish on time.
（私たちは時間通りに終えることはできない。）

**Could** you really eat that cake by yourself?
（あなたは本当にそのケーキを1人で食べることができたのですか。）

---

助動詞は動詞とともに用いられて、能力や可能性、必要性など、さまざまな意味をその動詞に付け加えることができる。その場合、助動詞と共に用いられる動詞は必ず原形となる。助動詞 can は「…することができる」という意味で、否定形は cannot (can't)、過去形は could、過去の否定形は could not (couldn't) となる。

## 2. 可能性の度合いを示す

**Levels of Probability**

### Would 3:00 this afternoon be convenient for you?
(今日の午後3時だと、あなたのご都合はいかがですか。)

**Example**

The bus **might** get stuck in traffic.
(バスは交通渋滞に巻き込まれるかもしれない。)

The cleaning person **will** not be in today.
(清掃担当者は、今日は出勤しないでしょう。)

**Would** any of these desks be suitable for your office?
(ここにある机のどれかが、あなたのオフィスに向いているでしょうか。)

助動詞の may (might) や can (could) は、「…かもしれない」という何かが起こる可能性を示し、will (would) は、「…だろう」と、ある程度の確信をもって未来のことを予想する場合に使われる。must は「…に違いない」という強い可能性を示す。なお、might, could, would は必ずしも過去のことを意味するわけではない。

助動詞

# 3. 義務の度合いを示す

## Levels of Necessity

MP3 39

> **She should clean her desk.**
> 彼女は自分の机を整頓すべきだ。

**Example**

You **ought to** try this soup!
（あなたはこのスープを飲んでみるべきです。）

I **shouldn't** eat any more.
（私はこれ以上食べるべきではありません。）

**Must** you make those strange noises?
（あなたは、こんな奇妙な騒音を立てていなければならないのですか。）

---

「…しなければならない、…すべきだ」という義務を表す場合に使われる助動詞がいくつかある。must は自分の意思でそう思っているときに、have (has) to はそれが規則だったり、仕方がないからしなければならなかったりするときに使われる。ought to と should は、「義務ではないが…したほうがいい」という気持ちを表す。

Day 8

# イラストでイメージしてみよう！

イラストでイメージをふくらませながら英語を確認してみよう。

Step 1 イラスト＋日本語 → Step 2 英語 → Step 3 CD

1. マークは力がない。彼はその箱を持ち上げられない。

2. 先生はマークに命じた。彼はその箱を持ち上げなければならない。

3. マークはその箱を持ち上げたくない。彼はそうしないだろう。

Answer　　　MP3 40

1. Mark is not strong. He **can't** pick up the box.
2. The teacher gave Mark an order. He **must** pick up the box.
3. Mark doesn't want to pick up the box. He **won't** do it.

助動詞

# 実際の使い方を覚えよう！　Dora　Tom

会話での使い方を具体的な場面を想像しながら練習してみよう。

Step 1 Read → Step 2 Listen → Step 3 Shadowing

MP3 41

: I love Japanese food. But it looks really hard to make.

: Actually, it isn't so hard. Hey, I heard about a free cooking class. You **should** sign up.

: Hmm, maybe. Do you want to sign up too?

: It depends on the time. I work Monday and Wednesday nights. So I **can't** go on those nights.

: For me, the class **has to** be on Thursday or Friday. Those are the only evenings I have free time.

: Understood. I'll look into it some more.

| | |
|---|---|
| ドーラ： | 私は日本食が好きよ。でも、作るのはとても難しそうね。 |
| トム： | 実際には、そんなに難しくはないよ。そういえば、無料の料理教室のことを聞いたよ。君も申し込んだらいいよ。 |
| ドーラ： | うーん、いいかもね。あなたも申し込みたいの？ |
| トム： | 時間によるね。僕は月曜日と水曜日の夜には仕事があるんだ。だから、その夜には行けないんだ。 |
| ドーラ： | 私はというと、教室は木曜日か金曜日でなくてはならないわ。自由な時間があるのはその2つの夜だけなの。 |
| トム： | わかった。僕がもっと詳しいことを調べてみるよ。 |

# Review Section

### Day 5

正しい前置詞を選んで文を完成させてみよう。

1. I will go to Hokkaido ( at / in ) May.
2. We can't leave yet. We have to stay ( by / until ) 6:00.
3. Do you see the sign ( by / up ) the door? It says "No pets."

### Day 6

会話文の（ ）に適当な語を入れてみよう。

1. A: Hi Rudolfo. Where (          ) you (          )?
   B: Hi Emily. I'm going to the supermarket.
2. A: Are you still helping Gary?
   B: Yes, I (        ) (          ) him study for the test.

### Day 7

（ ）内の正しい語を選び文を完成させてみよう。

1. Please turn down ( a / an / the ) music. It's too loud.
2. Do you have ( a / an / the ) extra jacket? It's really cold outside.
3. I don't have any ( money / moneys ). I spent it all.

### Day 8

（ ）内の正しい語を選んで文を完成させてみよう。

1. The math problem is easy. I ( can / can't ) solve it.
2. The boy ( shouldn't / couldn't ) push the door open. It was too heavy.
3. To get a membership card, you ( shall / can / have to ) apply online.

61

# Review Section Day 5 ~ Day 8

## Day 5

1. in　　　私は5月に北海道に行く予定だ。
2. until　　私たちはまだ出発できない。私たちは6時までここにいなければならない。
3. by　　　ドアの横の貼り紙が見えますか。それには「ペットの持ち込み禁止」とあります。

## Day 6

1. are, going　　A: こんにちは、ルドルフォ。どこに行くの。
　　　　　　　　B: こんにちは、エミリー。スーパーマーケットに行くところさ。
2. am helping　A: あなたはまだゲーリーを手伝っているの。
　　　　　　　　B: うん、彼が試験勉強するのを手伝っているんだ。

## Day 7

1. the　　　その音楽の音量を下げてくれますか。ちょっと大きすぎるので。
2. an　　　もう1枚余分の上着を持っていますか。外はとても寒いよ。
3. money　　私にはまったくお金がありません。すべて使ってしまいました。

## Day 8

1. can　　　　その数学の問題は簡単だ。私でも解ける。
2. couldn't　　少年はドアを押し開くことができなかった重すぎたのだ。
3. have to　　会員カードを手に入れるためには、あなたはオンラインで申し込まなければなりません。

# Day 9

## 提案と命令

### 提案と命令の表現を覚えよう

1. Let's を使った提案
2. 提案を表す動詞
3. 命令文

提案と命令

# 1. Let's を使った提案の表現

## Suggestions Starting with "Let's"

MP3 42

**Let's get some hot chocolate!**
さあ、ココアを飲みましょう。

### Example

**Let's** rent a movie.
（映画をレンタルしましょう。）

**Let's** invite Charlie to go with us.
（チャーリーを私たちと一緒に行くように誘いましょう。）

**Let's not** make a decision so quickly.
（決断をそんなに急いでしないようにしましょう。）

> 「Let's ＋動詞」で、その場にいる人に対して「いっしょに…しよう（じゃないか）」と提案したり、勧誘したりすることができる。否定文で「…しないようにしよう」という場合は、「Let's not ＋ 動詞」という語順になる。

## 2. 提案を表す動詞

Subject + "recommend/suggest/think"

### The doctor **suggested** that I eat more vegetables.
医者は、私にもっと野菜を食べるように勧めた。

**Example**

I **recommend** that you bring a jacket.
（私は、あなたにジャケットを持ってくることをお勧めします。）

He **suggested** that we book our tickets soon.
（彼は、私たちにすぐにチケットを予約するよう勧めました。）

Do you **think** I **should** buy the headphones?
（あなたは、私がそのヘッドフォンを買うべきだと思いますか。）

> recommend や suggest などの動詞は、提案や勧誘の意味で使うことができる。その場合、提案の内容を表す that 節内の動詞（例文では bring、book）は原型のまま用いるか、should を付けることになる。なお、think を使う場合は常に should を付ける。

提案と命令

## 3. 命令文

**Commands**

MP3 44

**Please write your name here.**
あなたのお名前をここにお書きください。

**Example**

Please **take off** your shoes.
（靴をお脱ぎください。）

**Come** here for a moment.
（ちょっとここに来てください。）

**Don't touch** that, please.
（それには触らないようお願いします。）

---

たいていの動詞はそのままの形で文頭に置くことにより、相手に対して「…しなさい」という命令や要求を表すことができる。ただし、please（どうぞ）を文頭か文末に追加することで、強い口調を和らげることができる。また「…してはいけない」という禁止の命令文を作るには、「Don't ＋ 動詞の原形」という表現を使う。

Day 9

# イラストでイメージしてみよう！

イラストでイメージをふくらませながら英語を確認してみよう。

Step 1 イラスト＋日本語 → Step 2 英語 → Step 3 CD

1. 中に入って美術品を見ましょう。

2. 前にどうぞ。美術品をもっと近くでご覧ください。

3. 美術品にはあまり近づきすぎないようお願いします。

Answer　MP3 45

1. **Let's** go inside and look at the art.
2. **Go** ahead. **Have** a closer look at the art, please.
3. Please **don't get** too close to the art.

提案と命令

# 実際の使い方を覚えよう！  Joe    Lisa

会話での使い方を具体的な場面を想像しながら練習してみよう。

Step 1 Read → Step 2 Listen → Step 3 Shadowing

MP3 46

: I can't decide what to do during winter break. My brother **suggested** that I earn some money.

: Hmm, that's one idea. But it was a really hard semester. You deserve a break. **Do** what makes you happy.

: I like the way you think! I never get the chance to ski anymore.

: Then **go** skiing. My friend works at a travel agency. They just put out some fliers for winter vacation deals.

: Nice. Please **get** me some the next time you're there.

: Actually, the agency is close by. **Let's** go over there now.

| | |
|---|---|
| ジョー： | 冬休みの間に何をするか決められないんだ。兄は、僕がお金を稼ぐことを勧めたんだけど。 |
| リサ： | うーん、それは１つの案ね。でも、今期はとても大変な学期だったわ。あなたは息抜きをしてもいいはずよ。楽しくなるようなことをしたらどう。 |
| ジョー： | それはいい考えだね。スキーをするチャンスが最近ではまったくないんだ。 |
| リサ： | だったら、スキーに出かけなさいよ。私の友達が旅行代理店で働いているの。そこは、冬休み特別キャンペーンのパンフレットをいくつか作ったばかりよ。 |
| ジョー： | それはいい。君がこの次にそこへ行ったときに、僕にいくつかもらってきてくれるかい。 |
| リサ： | 実は、その代理店はすぐ近くにあるの。今からそこに行きましょうよ。 |

# Day 10

## 未来形

### 未来形のパターンを覚えよう

1. 近い未来を表す現在形・現在進行形
2. 一般的な未来を表す「will + 動詞の原形」
3. 未来形の否定文

未来形

# 1. 近い未来を表す現在形・現在進行形
## Expressed with Present Tenses

> The store **is going to** close soon.
> その店は間もなく閉店することになっている。

**Example**

The bus **arrives** in a few minutes.
（バスはあと数分で到着します。）

**Are** you **doing** anything this weekend?
（あなたは今週末に何かすることになっていますか。）

Hisano **is going to** call me at 5:00.
（久乃が5時に私に電話をかけてくるだろう。）

未来のことでも、起こることが確実な場合には現在形が使われる。また、動詞の現在進行形を使うと、「…することになっている」というように、今、準備していることが近い将来に起こることを表すことができる。さらに、「主語 ＋ be going to ＋ 動詞の原形」を使うと、「…するつもりである、…するだろう」というように、近い未来の予定や予測を表すことができる。

## 2. 一般的な未来を表す「will ＋ 動詞の原形」

Will + Original Verb

**The race will be very close.**
そのレースはかなりの接戦になるでしょう。

**Example**

The class **will end** early today.
（今日は授業が早く終わるだろう。）

All of us **will get** new shoes.
（私たちはみな新しい靴を手に入れるだろう。）

**Will** Chuck **be** at the office tomorrow?
（チャックは明日、会社に来るだろうか。）

> それほど確実ではない未来について述べるときや、単に話者がそうなると思っているだけのときは、「主語 ＋ will ＋ 動詞の原形」で「…だろう」という表現を使うことになる。

未来形

## 3. 未来形の否定文

**Negatives**

MP3 49

The elevator **won't stop**
on the second floor.
そのエレベーターは2階には止まらないだろう。

### Example

No, I **am not transferring** to another branch next month.
(いいえ、私は来月別の支店に異動することはないだろう。)

It **isn't going to rain** this afternoon.
(今日の午後には雨は降らないだろう。)

They **won't go shopping** later.
(彼らはあとで買い物には行かないだろう。)

---

未来形の否定文(…する予定はない、…しないだろう)は、be 動詞 + ing 形の場合は be 動詞または will の後に not を付けて作る。いずれも isn't, aren't, won't のように短縮形が使われることが多い。

Day 10

# イラストでイメージしてみよう！

イラストでイメージをふくらませながら英語を確認してみよう。

Step1 イラスト＋日本語 → Step2 英語 → Step3 CD

1. リンダは明日、早く起きる予定だ。

2. 彼女はバスに乗ることにしている。

3. そのあとで、彼女はビーチでのんびりするだろう。

Answer

1. Linda **is planning** to wake up early tomorrow.
2. She **is going** to take the bus.
3. Then she **will relax** on the beach.

> 未来形

# 実際の使い方を覚えよう！ Stephen　Kate

会話での使い方を具体的な場面を想像しながら練習してみよう。

Step 1 Read → Step 2 Listen → Step 3 Shadowing

MP3　51

: Hi, Kate. I'm surprised to see you here. **Don't** you work tonight?

: I **do**. In fact, I **am leaving** in a minute.

: OK. Say, **will** you **be** at Mark's party this weekend?

: I **won't**, unfortunately. I have to work Saturday night.

: That's too bad. Hey, that reminds me. Mark **is going to film** the party. He **will** probably **upload** it to YouTube.

: Cool! I look forward to seeing it.

| | |
|---|---|
| スティーブン： | やあ、ケイト。ここで君に会うなんて驚いたよ。今日は仕事をしないのかい。 |
| ケイト： | するわ。実は、もうすぐ出かけるところなの。 |
| スティーブン： | そうなのか。ところで、君は今週末のマークのパーティーに出るつもり？ |
| ケイト： | 残念だけど、行かないわ。土曜の夜は仕事をしなければならないから。 |
| スティーブン： | それはとても残念だね。そうだ、それで思い出した。マークはパーティーの様子を撮影することにしているんだ。彼はたぶん、それをYouTubeにアップロードするだろうね。 |
| ケイト： | それはいいわね。見るのが楽しみだわ。 |

# Day 11

## 疑問詞を使った疑問文と付加疑問文

**疑問詞を使った疑問文と付加疑問文の作り方**

1. 疑問詞を使った疑問文
2. how を使った疑問文の種類
3. 付加疑問文

疑問詞と付加疑問文

# 1. 疑問詞を使った疑問文

## Question Words

🎧 52

**Where** is the court house?
裁判所はどこですか。

**Example**

**What** is your name?
(あなたのお名前は何ですか。)

**Why** did he turn off the fan?
(なぜ彼は換気扇を止めたのですか。)

**Where** will they go during Golden Week.
(ゴールデンウィークに彼らはどこに行くつもりなのですか。)

> 疑問詞を使った疑問文では、疑問詞が文の先頭に置かれる。疑問詞が主語となっている場合では動詞が続き、それ以外の場合は主語と助動詞が倒置された文が続く。ただし、使われている動詞が be 動詞だけの場合は常に疑問詞のあとに be 動詞が続く。

Day 11

## 2. how を使った疑問文の種類

Compound Phrases with "How"

MP3 53

# How many calories are in one serving?
1人前は、何カロリーあるんだろう。

Example

**How long** is the flight?
（飛行時間はどれくらいですか。）

**How many** people can fit in the car?
（その車には何人が乗れますか。）

**How often** do you get a physical checkup?
（あなたは、どれくらいの頻度で健康診断を受けていますか。）

how のうしろに状態を表す形容詞や副詞を続けて、さまざまな疑問文を作ることができる。長さを尋ねるときの How long、数を尋ねるときの How many、頻度を尋ねるときの How often などは、その例である。

疑問詞と付加疑問文

## 3. 付加疑問文
**Tag Questions**

MP3 54

**There is** enough room in the back, **isn't there**?
後ろには、十分な余裕がありますよね。

### Example

**Cathy isn't** quitting her job, **is she**?
（キャシーは仕事を辞めようとしているのではありませんよね。）

**The shop closes** at 8:00, **doesn't it**?
（その店は、8時に閉まるのですよね。）

**There wasn't** any food in the refrigerator, **was there**?
（冷蔵庫の中には、まったく食料がありませんよね。）

---

付加疑問文とは、「…ですよね」「…ではないですよね」のように、相手に軽く念を押したり、同意を求めたりするために文末に追加される疑問文のこと。否定文には肯定の疑問を付け、肯定文には否定の疑問を付ける。主文に be 動詞が使われていればその be 動詞を、一般動詞や助動詞が使われていれば、時制や人称に応じて do/does/did や will や can などを使う。また、付加疑問文の中では、主語に対応した代名詞が用いられる。

Day 11

# イラストでイメージしてみよう！

イラストでイメージをふくらませながら英語を確認してみよう。

Step 1 イラスト＋日本語 → Step 2 英語 → Step 3 CD

1. どれがジョンソンさんの家ですか。

2. あなたは、あそこの家に住んでいるのですよね。

3. あなたの家に着くまでどれくらい時間がかかるのですか。

Answer

1. **Which** one is Mr. Johnson's house?
2. You live in that house over there, **don't you**?
3. **How long** will it take to get to your house?

疑問詞と付加疑問文

# 実際の使い方を覚えよう！  Ichiro   Judy

会話での使い方を具体的な場面を想像しながら練習してみよう。

Step 1 Read → Step 2 Listen → Step 3 Shadowing

MP3  56

- : **What** do you think? Should I enter the violin competition?

- : **Why** not? You're an excellent violinist. Besides, **it's** open to everybody, **isn't it**? I say go for it!

- : Thanks. To be honest, I don't expect to win. But it could be fun.

- : Exactly. **How much** time do you have to prepare?

- : About a month. But I can't practice at home. **Where** do you suggest I go?

- : You can practice at my place. I have plenty of room.

イチロー： 君はどう思う。僕はバイオリンのコンテストに出場すべきだろうか。
ジュディ： いいんじゃないの。あなたはすばらしいバイオリニストなんだから。それに、それって誰でも参加できるのよね。挑戦してみなさいよ。
イチロー： ありがとう。正直な話、優勝できるとは思っていないんだ。でも、楽しいだろうね。
ジュディ： その通りよ。どれくらいの時間、練習しなければならないの。
イチロー： １ヵ月くらいだよ。でも、家では練習できないんだ。どこへ行けばいいと思う。
ジュディ： 私の家で練習するといいわ。十分なスペースがあるから。

# Day 12

## 形容詞

### 形容詞の役割を知ろう

1. 名詞を修飾する形容詞
2. 主語の状態を表す形容詞
3. 数や量を表す形容詞

形容詞

# 1. 名詞を修飾する形容詞
**Preceding Nouns**

MP3 57

It's an **old** piece of jewelry.
それは、古い装身具だ。

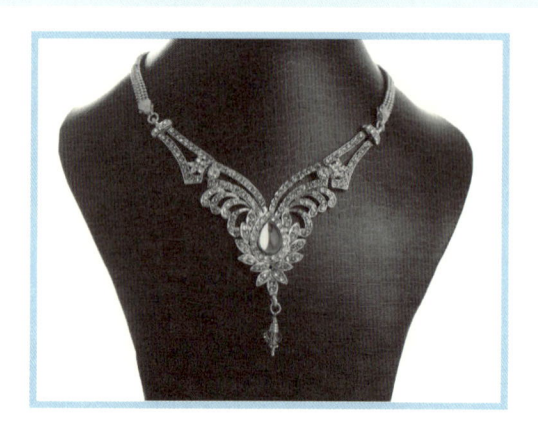

**Example**

What a **pretty** dog!
（なんてかわいい犬なんだろう！）

It isn't my **favorite** brand.
（それは私の好みのブランドではない。）

Do you carry **blue** jackets?
（青いジャケットを持っていますか。）

> 形容詞には、名詞の前に置かれてその名詞を説明したり、持続的な性質や状態を表したりする働きがある。これを「形容詞の限定用法」と言う。形容詞の中には、この用法でしか用いられないものがある。上の例ではfavorite がそれに当たる。

## 2. 主語の状態を表す形容詞

**Following Linking Verbs**

### The speaker looks **confident**.
その講演者は自信に満ちているように見える。

**Example**

He looks **lost**.
（彼は困っているようだ。）

I don't feel **nervous**.
（私は緊張していない。）

Does this yogurt taste **strange** to you?
（このヨーグルトは、あなたには変な味に感じますか。）

> 形容詞が、be 動詞や主語の状態・感覚を表す動詞のあとに用いられた場合は、その主語の一時的な状態を表すことになる。これは「形容詞の叙述用法」と言う。形容詞の中には、この用法でしか用いられないものがある。
> （例：asleep, glad など）

形容詞

# 3. 数や量を表す形容詞

**Quantifiers**

## The man is following **several** horses.
その男は、数頭の馬を追っている。

### Example

Sure, I have **a little** time.
(もちろん、少しなら時間はあります。)

She doesn't have **many** friends.
(彼女にはあまり多くの友達がいない。)

Does the pet shop have **any** songbirds?
(そのペットショップにはきれいな鳴き声の鳥がいますか。)

> 数量形容詞には、複数形の普通名詞の前に置かれて数の大小を表すものと、物質名詞または抽象名詞の前に置かれて量や程度の大小を表すものがある。数えられるが数の定まっていない名詞の場合には、any や some が使われることがある。

Day 12

# イラストでイメージしてみよう！

イラストでイメージをふくらませながら英語を確認してみよう。

Step 1 イラスト＋日本語 → Step 2 英語 → Step 3 CD

1. まだたくさんの玩具が残っている。

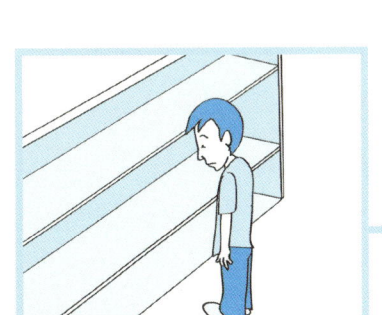

2. 数個の玩具しか残っていない。

3. 玩具は何も残っていない。

Answer

1. There are still **many** toys left.
2. There are **a few** toys left.
3. There aren't **any** toys left.

形容詞

# 実際の使い方を覚えよう！　Al　Flora

会話での使い方を具体的な場面を想像しながら練習してみよう。

Step 1 Read → Step 2 Listen → Step 3 Shadowing

MP3 61

- : I'm **glad** you could join me for dinner. But you look **tired**. Is everything all **right**?
- : I'm **fine**, thanks. Two of my co-workers are on vacation. So I have **lots of** cases to handle.
- : When will they be back?
- : In **a few** days, fortunately. Then I plan to sleep for the **whole** weekend!
- : I don't blame you. A **long** rest always makes me feel **better**.
- : Me too. Well, we don't have to talk about work tonight. The food smells **great**. Let's eat!

アル： 君がディナーにつき合ってくれてうれしいよ。でも、君は疲れているみたいだね。大丈夫かい。
フローラ： 大丈夫よ。ありがとう。私の同僚のうち2人が休暇をとっているの。だから、処理しなければならないたくさんの案件を抱えているのよ。
アル： その人たちはいつ戻ってくるの？
フローラ： 幸いなことに、あと2, 3日よ。そうしたら、週末はずっと寝ているつもりよ。
アル： それは無理もないね。長く休養すると、僕はいつも気分がすっきりするから。
フローラ： 私もよ。ええと、私たち、今夜は仕事の話をしなくてもいいでしょう。料理はとてもいい香りがするわ。さあ、食べましょう。

# Review Section

## Day 9

次の文のあとに続く表現を選んでみよう。

1. We're out of eggs. Let's _____
2. It's about to rain. Let's _____
3. I need some cash. Let's _____

(A) buy an umbrella.
(B) stop by the bank.
(C) go to the supermarket.

## Day 10

次の会話文の（　）に適当な語を入れてみよう。

1. A: What (　　　) (　　　) doing this weekend?
   B: I'm going (　　　) spend some time with my cousin.
2. A: (　　　) Mary going with you to Berlin?
   B: She might. But it's a business trip. So I (　　　) probably go alone.

## Day 11

（　）内の正しい語を選んで文を完成させてみよう。

1. ( When / What / Whom ) are they going to the farmer's market?
2. ( Who / Where / What ) is that man over there?
3. How ( much / often / many ) do you visit your uncle?

## Day 12

次の文のあとに続く表現を選んでみよう。

1. That book is wonderful. It's _____
2. He loves sports. So I bought him _____
3. My fingers are not very big. I'll take _____

(A) my favorite story.
(B) this small silver ring.
(C) a new baseball glove.

87

Review Section Day 9 ~ Day 12

## Day 9

1. C　　　卵がもうなくなっている。スーパーマーケットに行こう。
2. A　　　雨が今にも降りそうだ。傘を買おう。
3. B　　　現金が必要だ。銀行に立ち寄ろう。

## Day 10

1. A: are you　　A: 今週末は何をするつもり？
   B: to　　　　B: いとこと一緒に時間を過ごすつもりなんだ。
2. A: Is　　　　A: メアリーは、あなたと一緒にベルリンへ行くの？
   B: will　　　B: 彼女はそうするかも。でも、これは出張なんだ。だから、僕はたぶん1人で行くことになるだろうね。

## Day 11

1. When　　彼らはいつ、農産物の直売市に出かけるのですか。
2. Who　　あそこにいる男性は誰ですか。
3. often　　あなたは、おじさんをどれくらいよく訪ねますか。

## Day 12

1. A　　　その本は素晴らしいのです。それは私のお気に入りの物語です。
2. C　　　彼はスポーツが大好きだ。だから、私は彼に新しい野球用グラブを買ってあげた。
3. B　　　私の指はあまり大きくありません。この小さな銀の指輪をもらうことにします。

# Day 13

## 比較

### 比較の表現を覚えよう

1. ～と同じくらい～（as ... as ...）
2. ～よりも～（比較級）
3. ～の中で一番～（最上級）

比較

# 1. ～と同じくらい～

as ... as ...

MP3 62

## Jenny is **as tall as** Tina.
ジェニーの背丈はティナと同じくらいだ。

**Example**

My cell phone is **as small as** yours.
（私の携帯電話は、あなたのものと同じくらい小さい。）

Lisa is **as pretty as** her sister.
（リサは、彼女の姉［妹］と同じくらいかわいい。）

Silver is **not as valuable as** gold.
（銀は金ほど貴重ではない。）

> あるものを他のものと比較する場合、「as 形容詞・副詞 as ～」という構文で、「～と同じくらい～」という意味を表すことができる。否定形では、「not so 形容詞・副詞 as」の形も使われる。

## 2. 〜よりも〜（比較級）

**Comparatives**

MP3 63

# The dog is **bigger than** the cat.
その犬はネコよりも大きい。

**Example**

Horses are **bigger than** sheep.
（馬は羊よりも大きい。）

Today's test was **easier than** last week's.
（今日の試験は先週のものよりも簡単だった。）

Doug is **more experienced than** Tina.
（ダグはティナよりも経験が豊富だ。）

> 2つのものを比較する場合、一般に「形容詞・副詞の比較級＋than〜」という構文で、「〜よりも〜」という意味を表すことができる。形容詞・副詞の比較級は、-er を語尾に付けて作るものと、その前に more または less を付けて作るものの2種類がある。ただし、busy のように y で終わる2音節の単語は、最後の y を i に変えたうえで -er を付ける。なお、good の比較級 better や、bad の比較級 worse のように不規則な変化をするものもいくつかある。

比較

# 3. 〜の中で一番〜（最上級）

## Superlatives

MP3 64

**Martin is the strongest person on our team.**

マーティンは、私たちのチームで最強の選手だ。

**Example**

I'm **the slowest** runner in the group.
（私はこのグループの中で最も遅いランナーだ。）

It was **the funniest** movie of the year!
（それは今年最も面白い映画だった。）

That is **the most interesting** sculpture here.
（それは、ここで最も興味深い彫刻作品だ。）

---

複数のものの中で「〜の中で一番〜」ということを、形容詞・副詞の最上級で表すことができる。形容詞・副詞の最上級は、大きく分けて -est を語尾に付けて作るものと、その前に the most または the least を付けて作るものの2種類がある。ただし、funny のように y で終わる2音節の単語は、最後の y を i に変えたうえで -est を付ける。なお、good の最上級 best や bad の最上級 worst のように不規則な変化をするものもいくつかある。

Day 13

# イラストでイメージしてみよう！

イラストでイメージをふくらませながら英語を確認してみよう。

Step 1 イラスト＋日本語 → Step 2 英語 → Step 3 CD

1. そのオートバイは車と同じくらい速い。

2. その車はオートバイよりも速い。

3. その車は3者のうちで最も速い。

**Answer**

1. The motorcycle is **as fast as** the car.
2. The car is **faster than** the motorcycle.
3. The car is **the fastest** of the three.

比較

## 実際の使い方を覚えよう！　　Customer　　Salesperson

会話での使い方を具体的な場面を想像しながら練習してみよう。

Step 1 Read → Step 2 Listen → Step 3 Shadowing

MP3 66

- : What's the difference between these two computers?
- : Well, the X20 is **as fast as** the Z30. But the Z30 is **heavier**.
- : They're a bit expensive. Are there any **cheaper** models?
- : I'm afraid not. These are **the cheapest** ones we have.
- : OK. Just one last thing. How long do the batteries last?
- : The Z30 has a **better** battery. It lasts **longer than** the X20's battery. That's also why the Z30 is **heavier**.

| | |
|---|---|
| お客： | ここにある 2 台のコンピューターの違いは何ですか。 |
| 販売員： | そうですね、X20 は Z30 と処理速度は同じです。ただし、Z30 のほうが重いです。 |
| お客： | どちらもちょっと値段が高いですね。もっと安いモデルはありませんか。 |
| 販売員： | 残念ながらございません。こちらのものが、当店にある最も安いモデルです。 |
| お客： | わかりました。最後に 1 つだけ質問させてください。バッテリーはどれくらい長くもちますか。 |
| 販売員： | Z30 はより性能のよいバッテリーを搭載しています。それは X20 のバッテリーよりも長くもちます。そのためもあって、Z30 のほうが重いのです。 |

# Day 14

## 副詞

### 副詞の役割を知ろう

1. 動詞を修飾する
2. 形容詞を修飾する
3. 頻度・時・場所を表す

副詞

# 1. 動詞を修飾する

**Modifying Verbs**

MP3 67

## The race leader is driving **quickly**.
そのレースの先頭は、猛スピードで運転している。

### Example

Hideo speaks **slowly**.
（秀夫はゆっくりとしゃべる。）

She didn't pack the suitcase **carefully**.
（彼女は、荷物をスーツケースに注意深く詰めなかった。）

Are you leaving **already**?
（もう帰るのですか。）

> 副詞は動詞とともに用いられて、その動詞の意味を修飾する働きがある。副詞を置く位置は比較的自由だが、動詞に目的語がある場合は、その目的語のうしろに置かれる。

## 2. 形容詞を修飾する

**Modifying Adjectives**

## She is **almost** ready to leave.
彼女は出かける準備がほとんどできている。

**Example**

John is **very** tall.
（ジョンはとても背が高い。）

The story wasn't **entirely** true.
（その話は、すべてが正しいというわけではなかった。）

Is this box big **enough**?
（この箱は、十分に大きいですか。）

> 副詞は形容詞の意味を強めたり程度を表したりするために、その形容詞の直前に置かれる。ただし、enough は例外で、形容詞のあとに置かれる。

副詞

## 3. 頻度・時・場所を表す

Frequency, Time and Place

### We **frequently** eat at this restaurant.
私たちは、このレストランでたびたび食事をする。

**Example**

We **often** take walks near the tea fields.
（私たちは、その茶畑の近くでよく散歩をする。）

I won't have lunch with Samuel **tomorrow**.
（私は明日サミュエルと一緒にランチを食べないだろう。）

Can you please put the boxes over **there**?
（その箱はあちらに置いていただけますか。）

---

often（しばしば）や always（いつも）などの頻度を表す副詞は主語のすぐあとに置かれることが多く、tomorrow（明日）や yesterday（昨日）などの時を表す副詞と here（ここ）や there（あそこ）などの場所を表す副詞は文末に置かれることが多い。なお、時を表す副詞と場所を表す副詞が1つの同じ文の中で使われているときは、場所が先に来ることが多い。

Day 14

# イラストでイメージしてみよう！

イラストでイメージをふくらませながら英語を確認してみよう。

Step 1 イラスト＋日本語 → Step 2 英語 → Step 3 CD

1. その犬はちょっと大きい。

2. その犬はとても大きい。

3. その犬はあまり大きくない。

**Answer**　　🎵 70

1. The dog is **somewhat** large.
2. The dog is **extremely** large.
3. The dog isn't **very** large.

99

副詞

## 実際の使い方を覚えよう！  Lita   Pete

会話での使い方を具体的な場面を想像しながら練習してみよう。

Step 1 Read → Step 2 Listen → Step 3 Shadowing

MP3 71

: I heard last night's concert was a big hit.

: It was **so** amazing, Lita. Can you believe it? The room wasn't big **enough**. People were standing along the wall.

: Wow! I wanted to go. But I **always** work on Thursdays.

: Oh, that's OK—I know. We want to set up some weekend shows **soon**.

: That would be great. Are you practicing **tomorrow**? I'm free **all day**.

: We are. You can hear our new pianist. He plays **beautifully**.

---

リタ： 昨夜のコンサートは、大成功だったみたいね。
ピート： とても素晴らしかったよ、リタ。信じられるかい。会場は十分に広くはなかったんだ。人が壁際にまで立っていたよ。
リタ： まあ！私も行きたかったわ。でも、木曜日はいつも仕事なの。
ピート： ああ、それはいいんだ。わかっている。僕たちは近いうちに週末のショーを企画したいと思っているよ。
リタ： それだとすばらしいわ。明日あなたは練習するつもり？私は１日中、時間が空いているわ。
ピート： そのつもりだ。君は僕たちの新しいピアニストの演奏を聴けるよ。彼は見事な演奏をするんだ。

# Day 15

## 不定詞

### 不定詞の役割を知ろう

1. 動詞の目的語になる
2. 動詞の直接目的語になる
3. 形容詞についての説明を加える

不定詞

# 1. 動詞の目的語になる

## Following Certain Verbs

## Bob remembered **to lock** the door.
ボブは、忘れずにドアに鍵をかけた。

**Example**

We need **to leave** in a few minutes.
（私たちは数分以内に出発する必要がある。）

They decided **not to buy** the house.
（彼らはその家を買わないことに決めた。）

Does she want **to be** on the team?
（彼女はチームに加わりたいのだろうか。）

「to + 動詞の原形」という形の不定詞を「…すること」という意味で用いると、いくつかの動詞のうしろに置いて目的語として使うことができる。「…しないこと」と否定する場合は、not を不定詞の直前に置く。

## 2. 動詞の直接目的語になる

**Following Objects**

### He taught her **to play** the guitar.
彼は彼女にギターの弾き方を教えた。

**Example**

He's teaching me **to play** chess.
（彼は私にチェスのやり方を教えてくれている。）

I didn't expect her **to come** to the party.
（私は彼女がパーティーに来ることを期待していなかった。）

Did you ask him **to wash** the windows?
（あなたは彼に窓を洗うように頼みましたか。）

> 動詞の中には、間接目的語と直接目的語という2つの目的語をとるものがある。そうした動詞の中には、to 不定詞を「…することを」という意味で使い、直接目的語にできるものがある。その場合、「主語 ＋ 動詞 ＋ 間接目的語（人）＋ 直接目的語（不定詞）」という形をとることが多い。

# 3. 形容詞についての説明を加える

**Following Certain Adjectives**

## She is afraid **to walk** down the dark street.
彼女は暗い通りを歩くのが恐い。

**Example**

I'm glad **to know** you.
（私はあなたと知り合いになれて、うれしいです。）

The reservation was not easy **to make**.
（その予約をとるのは簡単ではなかった。）

Were you excited **to meet** the singer?
（その歌手と会えて、あなたは興奮しましたか。）

> いくつかの形容詞では直後に不定詞を続けて、「…をして…だ」と理由を示したり、「…をすることは…だ」という補足説明を加えたりすることができる。

Day 15

# イラストでイメージしてみよう！

イラストでイメージをふくらませながら英語を確認してみよう。

Step 1 イラスト＋日本語 → Step 2 英語 → Step 3 CD

1. 彼はそのゲームを試してみたい。

2. 彼女は彼に遊び方を教える。

3. 彼は賞品を獲得できてうれしい。

Answer　　　　　　　　　　　　　　MP3 75

1. He wants **to try** the game.
2. She shows him how **to play**.
3. He is happy **to win** a prize.

105

不定詞

# 実際の使い方を覚えよう！　Ryo　Aiko

会話での使い方を具体的な場面を想像しながら練習してみよう。

Step 1 Read → Step 2 Listen → Step 3 Shadowing

MP3 76

- : Wow I'm hungry. Do you want **to order**?
- : Let's wait a few more minutes. I invited Kurt **to join** us for dinner.
- : Fantastic. It will be nice **to see** him again. Is he still working at that film studio?
- : Not anymore. He finally decided **to found** his own company.
- : Good for him!
- : Definitely. But now he's busier than ever. I have to remind him **to get** enough sleep and eat well.

亮： ああ、おなかがすいた。注文しない。
愛子： もう少し待ちましょうよ。私はカートに私たちとのディナーに加わるように誘ったから。
亮： すばらしい。彼とまた会えるのはうれしいね。彼は今でもあの映画スタジオで働いているの。
愛子： 今は違うわ。彼はついに自分の会社を始めることを決めたのよ。
亮： それはよかった。
愛子： もちろん。でも、今の彼はこれまでになく忙しいの。私は彼に十分な睡眠をとって、正しく食事をとるように言い聞かせなければならないのよ。

# Day 16

## 動名詞

### 動名詞の役割を知ろう

1. 主語や主格補語になる
2. 動詞の目的語になる
3. 前置詞の目的語になる

動名詞

# 1. 主語や主格補語になる

## Subjects + Subject Complements

### **Hiking** is a lot of fun.
ハイキングはとても楽しい。

**Example**

**Farming** is hard work.
（農作業はきつい仕事だ。）

**Spending** a lot of money isn't necessary.
（たくさんのお金を使う必要はない。）

My biggest fear is **being** alone.
（私の一番の不安は、1人きりになることだ。）

> 動名詞は動詞の原形に -ing が付いたもので、名詞としての働きを持つ。「…すること」という意味になって主語として使ったり、主語を説明する語句（主格補語）として使ったりすることができる。

Day 16

## 2. 動詞の目的語になる

**Following Certain Verbs**

MP3 78

He hasn't finished **building** the fence.
彼はフェンスを建て終わっていない。

**Example**

We love **trying** food from other cultures.
（私たちはいろいろな文化からの料理を食べてみるのが大好きだ。）

I don't remember **meeting** her.
（私は彼女に会ったことを覚えていない。）

Do you mind **waiting** for me outside?
（外で私を待っていてもらえますか。）

動名詞はいくつかの動詞の目的語として使い、「…することを」という意味を表すことができる。

動名詞

## 3. 前置詞の目的語になる

As Objects of Prepositions

## The boy is learning about **gardening**.
その少年は庭仕事を学んでいる。

**Example**

By **studying** hard, you will improve.
(一生懸命に学ぶことで、あなたは上達するだろう。)

He isn't good at **drawing** hands.
(彼は手を描くのが上手ではない。)

Are you interested in **sharing** a taxi?
(タクシーに相乗りしませんか。)

> by -ing(…することによって), at -ing(…することにおいて), in -ing(…することについて)などのように、動名詞は前置詞の目的語として使うことができる。

Day 16

# イラストでイメージしてみよう！

イラストでイメージをふくらませながら英語を確認してみよう。

Step 1 イラスト＋日本語 → Step 2 英語 → Step 3 CD

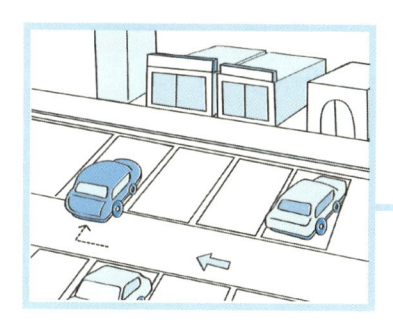

1. その店の前に駐車することは簡単だ。

2. 彼らは列に並んで待つことを気にしない。

3. とても多くの紙袋を持ち運ぶのは大変だ。

Answer

1. **Parking** in front of the store is easy.
2. They don't mind **waiting** in a line.
3. **Carrying** so many bags is hard.

動名詞

# 実際の使い方を覚えよう！  Ron   Lois

会話での使い方を具体的な場面を想像しながら練習してみよう。

Step 1 Read → Step 2 Listen → Step 3 Shadowing

MP3 81

: Thank you again for **inviting** me over.

: My pleasure. I love **cooking** big meals. But I prefer **sharing** them with friends.

: Lucky for me. The pasta was delicious!

: Thanks, Ron. The secret of good sauce is **using** fresh ingredients. Are you interested in **learning** to make it? I can teach you.

: That sounds great. But most days I barely have time to eat.

: I understand. **Training** for next month's big race must be hard. Well, it's time for dessert. I'll get the apple pie!

ロン： 招待していただいたことを改めて感謝します。
ロイス： どういたしまして。私は料理をたくさん作るのが大好きなんです。でも、それを友達と一緒に食べることはもっと好きなんです。
ロン： それはラッキーでした。あのパスタは、とてもおいしかったです！
ロイス： ありがとう、ロン。おいしいソースの秘けつは新鮮な素材を使うことよ。あなたは、その作り方を覚えたいかしら？教えてあげてもいいわよ。
ロン： それはいいですね。でも、たいていの日は、食事をする時間がほとんどないんです。
ロイス： わかるわ。来月の大きなレースのためのトレーニングは、きっと大変でしょうね。さて、デザートの時間だわ。アップルパイをとってくるわね！

# Review Section

## Day 13

次の文の内容を正しく表しているものを選んでみよう。

1. Ted's house has three rooms. Jeff's house has six rooms.
    - (A) Jeff's house is smaller than Ted's.
    - (B) Ted's house is smaller than Jeff's.
2. Pencils cost 100 yen. Pens also cost 100 yen.
    - (A) Pencils are cheaper than pens.
    - (B) Pens are as cheap as pencils.

## Day 14

( ) 内の正しい語を選んで文を完成させてみよう。

1. I see the elevator. It's over ( there / that ).
2. Her songs are all ( good / well ) written.
3. Mr. Takara checked the document very ( carefully / careful ).

## Day 15

次の文のあとに続く表現を選んでみよう。

1. The bag is too heavy. She _____
2. It's cold. Can you ask him _____
3. I know it's a big secret. I promise _____
    - (A) to close the door?
    - (B) not to tell anyone.
    - (C) doesn't plan to buy it.

## Day 16

( ) 内の正しい語句を選んで文を完成させてみよう。

1. ( Work / Working ) in the entertainment industry is a lot of fun.
2. Thank you for ( show / showing / to show ) me around the city.
3. Do you remember ( see / to see / seeing ) the memo yesterday?

# Review Section Day 13 ~ Day 16

## Day 13

| | | |
|---|---|---|
| 1. | B | テッドの家には3つの部屋がある。ジェフの家には6つの部屋がある。<br>＝テッドの家は、ジェフの家よりも小さい。 |
| 2. | B | 鉛筆の値段は100円です。ペンの値段も100円です。<br>＝ペンは鉛筆と同じくらい安い。 |

## Day 14

| | | |
|---|---|---|
| 1. | there | 私にはエレベーターが見えます。あそこにあります。 |
| 2. | well | 彼女の歌はすべて巧みに書かれています。 |
| 3. | carefully | 田中さんはその書類をとても注意深くチェックした。 |

## Day 15

| | | |
|---|---|---|
| 1. | C | そのバッグは重すぎます。彼女はそれを買うつもりはありません。 |
| 2. | B | 寒いですね。彼にドアを閉めるように頼んでもらえますか。 |
| 3. | A | それが重大な秘密であることはわかっています。誰にも言わないと約束します。 |

## Day 16

| | | |
|---|---|---|
| 1. | Working | 娯楽産業で働くことは、とても楽しい。 |
| 2. | showing | 街中をあちこち案内してくれてありがとう。 |
| 3. | seeing | あなたは、昨日そのメモを見たのを覚えていますか。 |

# Day 17

## 接続詞

### 基本的な接続詞を知ろう

1. 複数の単語や語句を並べるもの
2. 複数の文を並べるもの
3. 一対で接続詞となる語句

接続詞

# 1. 複数の単語や語句を並べるもの

**Compound Lists**

82

## She makes delicious cookies **and** sundaes.

彼女はおいしいクッキーやサンデーを作る。

**Example**

Tom **and** Rachel work at a furniture store.
(トムとレイチェルは家具店で働いている。)

With the set meal, you can have soup **or** salad.
(定食では、スープかサラダを選べる。)

The dress is simple **but** elegant.
(そのドレスはシンプルだが優雅だ。)

> いくつかの単語や語句を対等な関係で並べるときには、A and B（A と B）や、A or B（A か B）を使う。並べる要素が3つ以上ある場合は、それぞれをカンマで区切り、最後のものの前にだけ and や or を置く。「A だが B」と対立を表す場合は A but B とする。

## 2. 複数の文を並べるもの

**Compound Sentence**

# Tomiko is studying business, and Paul is studying history.
登美子はビジネスを学んでいて、ポールは歴史を学んでいる。

**Example**

I'm 19, **and** my brother is 21.
（私は19歳で、兄は21歳だ。）

We can walk, **or** we can catch a bus.
（私たちは歩いてもいいし、バスに乗ってもいい。）

He chose the shoes **but** I didn't like them.
（彼はその靴を選んだが私は気に入らなかった。）

> 複数の文も、and や or を使って並べることができる。and は、いくつかのことがらを並べる場合、or は、別の選択肢を示す場合に使われる。2つの対立する文を並べるときは but を使う。

接続詞

# 3. 一対で接続詞となる語句

**Phrases**

84

## The bears are **not only** cute **but also** very well made.
そのクマのぬいぐるみは、かわいいだけでなく、よくできている。

Example

**Both** jogging **and** swimming are great exercise.
（ジョギングも水泳も、とてもよい運動です。）

**Either** Saturday **or** Sunday is fine.
（土曜日、もしくは日曜日だと都合がいいです。）

**Neither** the post office **nor** the bank is open.
（郵便局も銀行も閉まっている。）

> not only A but also B（AだけでなくBも）, both A and B（AもBも）, either A or B（AかBのどちらか）, neither A nor B（AでもBでもない）などのように、いくつかの語句が一対で使われて接続詞の働きをするものがある。なお、both A and B が主語のとき、動詞はAとBを合わせた数に対応し、それ以外の場合は、動詞はBの数に対応する。

# イラストでイメージしてみよう！

イラストでイメージをふくらませながら英語を確認してみよう。

Step 1 イラスト＋日本語 → Step 2 英語 → Step 3 CD

1. 男性も女性も両手がふさがっている。

2. 彼女はいくつか物を運んでいるが、男性はそうしていない。

3. 男性と女性のどちらも何も運んでいない。

**Answer**

1. **Both** the man **and** woman have their hands full.
2. She is carrying some things, **but** the man isn't.
3. **Neither** the man **nor** the woman is carrying anything.

接続詞

# 実際の使い方を覚えよう！　Aya　Leo

会話での使い方を具体的な場面を想像しながら練習してみよう。

Step 1 Read → Step 2 Listen → Step 3 Shadowing

MP3 86

- : To sell my jewelry online, do I need to build a website?
- : I think you have two main choices. **Either** you can build a website, **or** you can use e-commerce sites to sell your jewelry.
- : Hmm, I'm not sure about using those sites. It's more convenient, **but** I don't want to pay a lot.
- : For some sites, you just pay a low monthly rate. **Not only** can you choose the store's name, **but** you can **also** design the page.
- : That might work. Basically, I want to sell three types of things: rings, necklaces, **and** bracelets.
- : Sounds simple enough. I'll be your first customer!

アヤ： 私の宝石をオンラインで売るには、ウェブサイトを作る必要があるかしら。
レオ： 君には大きく2つの選択肢があると思うよ。君の宝石を売るためにウェブサイトを作ってもいいし、電子商取引のサイトを利用することもできるよ。
アヤ： うーん、そうしたサイトを利用するのはどうでしょうね。そちらのほうが便利だけど、高い費用を払いたくはないわ。
レオ： いくつかのサイトでは、わずかな月額料金を払うだけだよ。お店の名前を選べるだけでなく、ページもデザインできるんだ。
アヤ： それなら、うまくいくかもね。簡単に言えば、私は3種類のものを売りたいの。指輪とネックレス、それにブレスレットよ。
レオ： とても簡単そうだね。僕が君の最初のお客になるよ。

# Day 18

## 受動態

### 受動態の作り方を覚えよう

1. 能動態から受動態への書き換え
2. 助動詞のある受動態の作り方
3. 受動態の疑問文の作り方

受動態

# 1. 能動態から受動態への書き換え

## From Active to Passive

**The sink was fixed by my neighbor.**
キッチンシンクは、近所の人によって修理された。

### Example

Many people visit the temple.
→ The temple **is visited** by many people.
（多くの人たちがその寺院を訪れる。）（その寺院は多くの人たちの訪問されている。）

Nobody stole the bicycle.
→ The bicycle **was not stolen**.
（誰もその自転車を盗まなかった。）（その自転車は盗まれなかった。）

David will prepare the guest list.
→ The guest list **will be prepared** by David.
（デービッドが来客のリストを用意するだろう。）（来客リストはデービッドによって用意されるだろう。）

---

動作を受けているものを主語にして文を作る場合には、受動態を使う。そのときの文は「動作を受けているもの ＋ be 動詞 ＋ 動詞の過去分詞」という形をとる。否定文は be 動詞のあとに not を置いて作る。

## 2. 助動詞のある受動態

### Using Modals

**Cell phones must be turned off before the movie starts.**
(携帯電話は、映画が始まる前に電源が切られていなければならない。)

**Example**

The rule **might be changed**.
(その規則は変更されるかもしれない。)

The sign **should be remade**.
(その標識は作り直されるべきだ。)

These chairs **must not be moved**.
(ここにある椅子は、動かしてはいけない。)

受動態の文で助動詞を使う場合、その助動詞は be 動詞の前に置き、be 動詞は原形のまま用いる。否定文では、not を助動詞と be 動詞の間に置く。

## 3. 受動態の疑問文

**Asking Questions**

# What **was stolen** by the thief?
泥棒によって何が盗まれたのですか。

### Example

**Is** the club **recommended** by the guide book?
（そのクラブは、ガイドブックによって推薦されていますか。）

**Will** the lecture **be given** by Dr. Grayson?
（その講義はグレイソン博士によって行われる予定ですか。）

**Should** a public notice **be sent** out?
（一般への通知を出すべきですか。）

---

受動態の疑問文は、be 動詞を文頭に置いて作るが、助動詞を使う場合は、その助動詞を文頭に置いて、主語と be 動詞＋過去分詞を続ける。また、疑問詞 what を使って「何が〜されたのか」と尋ねる場合は、「what ＋ be 動詞 ＋ 過去分詞」という語順になる。

Day 18

# イラストでイメージしてみよう！

イラストでイメージをふくらませながら英語を確認してみよう。

Step 1 イラスト＋日本語 → Step 2 英語 → Step 3 CD

1. その風船は男性から女性に手渡される。

2. その風船は男性によって運ばれる。

3. その風船はその人たちによって見つめられている。

**Answer**

1. The balloon **is given** to the woman by the man.
2. The balloon **is carried** by the man.
3. The balloon **is watched** by the people.

受動態

# 実際の使い方を覚えよう！ Daniel　Yukiko

会話での使い方を具体的な場面を想像しながら練習してみよう。

Step 1 Read → Step 2 Listen → Step 3 Shadowing

MP3 91

- : The photography club **was started** three years ago by a group of students.
- : Is this the club's work along the walls?
- : Yes, all the photos **were taken** by our members. A few **were entered** into competitions.
- : Did they win any prizes?
- : Yes, some. The one with the blue ribbon **was awarded** first prize in a big contest.
- : Nice! Let me see the description. Oh, it **was shot** with a Canon. It's the same camera that I use!

ダニエル： 写真部は、学生のグループによって3年前に設立されたんだ。
由紀子： 壁に並べられているのは、そのクラブの作品なの。
ダニエル： そう、すべての写真は部員によって撮影されたものさ。いくつかはコンクールに出品されたんだ。
由紀子： それは何か賞を獲得したの。
ダニエル： うん、いくつかはね。青いリボンのついた写真は、大きなコンテストで1等賞を受賞したよ。
由紀子： すてき。説明書きを見せて。まあ、それはキヤノンのカメラで撮影されたのね。私が使っているのと同じカメラよ。

# Day 19

## 接頭辞・語根・接尾辞

### 接頭辞・語根・接尾辞を覚えよう

1. よく使われる接頭辞
2. よく使われる語根
3. よく使われる接尾辞

接頭辞・語根・接尾辞

# 1. よく使われる接頭辞

**Common Prefixes**

🎵 92

## The house is **sur**rounded by trees.
その家は木々に囲まれている。<sur-：上に>

**Example**

I work for a big **auto**mobile parts maker.
(私は大きな自動車部品メーカーに勤めている。<auto-：自ら>)

She isn't interested in **com**puters.
(彼女はコンピューターには興味がない。<com-：共に>)

Did you **pre**order the new game?
(あなたは、その新しいゲームを事前注文しましたか。<pre-：事前に>)

---

英語には、単語の前に付けられて、元の意味を補ったり変えたりする接頭辞がいくつかある。たとえば、auto（自ら）が mobile（移動する）と組み合わされて automobile（自動車）という意味になる。よく使われる接頭辞の意味を知っていると、初めて見る単語でもその意味を推測できることがある。

Day 19

## 2. よく使われる語根
**Common Roots**

MP3 93

# The price de**pend**s on the weight.
価格は重量によって決まる。<pend：ぶら下がる>

**Example**

Our com**mand**er told us to stay here.
（私たちの司令官は、私たちにここに留まるよう命じた。<mand：命じる>）

There isn't public tele**phone** in the building.
（その建物の中には公衆電話がありません。<phone: 音>）

What does the factory pro**duce**?
（その工場は何を製造しているのですか。<duce：導く>）

> 単語の基本的な意味を表す部分を「語根」といい、さまざまな接頭辞や接尾辞と組み合わされて、別の単語が作られる。たとえば、bio（生、生命）という語根を持つ単語に、biology（生物学）や biography（伝記）、antibiotics（抗生物質）などがある。

接頭辞・語根・接尾辞

# 3. よく使われる接尾辞

**Common Suffixes**

MP3 94

## Next, I add sugar to sweet**en** the cake.
次に、ケーキを甘くするために砂糖を加えます。<-en：〜にする>

**Example**

They should short**en** the movie by 20 minutes.
（彼らは、その映画を 20 分短くすべきです。<-en：〜にする>）

The house isn't beauti**ful**, but it is big.
（その家は美しくないが、大きい。<-ful：〜に満ちた>）

What's the solut**ion** to the problem?
（その問題の解決策は何ですか。<-ion：〜すること>）

語の末尾に付けて、意味を加えたり、品詞を変化させたりする接尾辞がいくつかある。

Day 19

# イラストでイメージしてみよう！

イラストでイメージをふくらませながら英語を確認してみよう。

Step 1 イラスト＋日本語 → Step 2 英語 → Step 3 CD

1. 話し手は、科学の教師だ。

2. 男性は取扱説明書を読んでいる。

3. 彼は作業員たちに木を取り除くよう指示をしている。

**Answer**

1. The speaker is a science **instructor**.
2. The man is reading the **instructions**.
3. He is **instructing** the workers to remove the tree.

接頭辞・語根・接尾辞

# 実際の使い方を覚えよう！　Celine　Rico

会話での使い方を具体的な場面を想像しながら練習してみよう。

Step 1 Read → Step 2 Listen → Step 3 Shadowing

MP3　96

- : I can't believe you're traveling to Chile alone. That takes a lot of **courage**.
- : Oh, I don't know. There are lots of **independent** travelers in Chile.
- : I **prefer** to travel with a tour group. That way I don't need to worry about **transportation**. I'm bad with maps and **directions**.
- : Tours do make things easier. But then you miss out on a lot.
- : Like what?
- : Like meeting new people and having **adventures**. When you travel alone, anything can happen!

セリーヌ： あなたがチリへ1人で旅行するなんて信じられないわ。ずいぶん勇気が必要だわ。
理子： まあ、どうかしら。チリでは多くの単独旅行者がいるのよ。
セリーヌ： 私は団体旅行のほうがいいわ。それだと、交通機関のことを心配する必要がないし。私は地図や方角が苦手なのよ。
理子： ツアーだと、確かにいろいろなことが簡単になるわ。でも、それだといろいろなことを見逃してしまうわ。
セリーヌ： 例えば何を。
理子： 例えば、知らない人たちと出会ったり冒険をしたりすることよ。1人で旅行すると、どんなことでも起こりうるのよ。

# Day 20

## 形容詞節

### 形容詞節の役割を知ろう

1. 人物の説明を加える
2. 場所の説明を加える
3. 動物・物の説明を加える

形容詞節

# 1. 人物の説明を加える

**People**

MP3 97

The man **who designed this building** is famous.
この建物を設計した人物は有名だ。

### Example

Mr. Tanaka is the man **who taught me to paint**.
(田中さんは私に絵の描き方を教えてくれた人だ。)

The person **that bought the vase** is from Taiwan.
(その花瓶を買った人は、台湾の出身だ。)

The woman **with whom you should speak** is not here.
(あなたが話をすべき女性は、ここにはいない。)

Is that the artist **whose work you admire**?
(あの人が、あなたが作品を称賛しているという芸術家ですか。)

---

人を表す名詞や代名詞があるとき、そのうしろに who, that, whom, whose などの語句を続けて形容詞節を作り、その人についての説明文を加えることができる。

## 2. 場所の説明を加える

**Places**

MP3 98

## Is this the place **where you and Jack usually go**?
ここが、あなたとジャックがいつも出かける場所なの？

### Example

It's the town **where I was born**.
（そこが私の生まれた町です。）

This isn't the aquarium **which we read about**.
（ここは私たちが記事で読んだ水族館ではない。）

Was the place **that you visited** in the mountains?
（あなたが訪ねた場所は、山の中にあったのですか。）

> 場所を示す名詞があるとき、うしろに where や which, that などの語句を置いて形容詞節を作り、その場所についての説明文を加えることができる。

形容詞節

## 3. 動物・物の説明を加える

**Things and Animals**

## This is the bus **that goes downtown**.
これが市内に行くバスです。

**Example**

The cat **which jumped on the table** is named Mickey.
（テーブルに跳び乗ったそのネコは、名前をミッキーと言う。）

The flowers **that you asked about** are over here.
（あなたがお尋ねの花は、あちらにあります。）

Do you sell any computer batteries **which last 10 hours**.
（ここでは10時間もつコンピューター用バッテリーを売っていますか。）

動物や物を表す名詞の場合は、うしろに which または that を置いて、説明文を加えることができる。

Day 20

# イラストでイメージしてみよう！

イラストでイメージをふくらませながら英語を確認してみよう。

Step1 イラスト＋日本語 → Step2 英語 → Step3 CD

1. ここは私たちが公園の中でランチを食べた場所だ。

2. 彼は、みんなが写真を撮りたがる衛兵だ。

3. ここが1日自転車を貸している店だ。

**Answer**

1. This is the place **where we had lunch in a park**.
2. He's a guard **that everyone loves to photograph**.
3. Here's a shop **which rents bikes for the day**.

## 形容詞節

### 実際の使い方を覚えよう！　Ellen　Pedro

会話での使い方を具体的な場面を想像しながら練習してみよう。

Step 1 Read → Step 2 Listen → Step 3 Shadowing

MP3 101

- : Your tenth move was fantastic! I think it's the one **which won you the match**.
- : Thanks. Did I ever tell you about the man **who taught me to play chess?**
- : I don't think so.
- : He's the one **to whom I owe everything**. His name is Alex. He went to a university **where everybody played chess**.
- : Interesting. Is he the person **whose website you told us about**?
- : Right, same guy. The site has some of his best strategies.

| | |
|---|---|
| エレン： | あなたの十手目は素晴らしかったわね！それがあなたに勝利をもたらした一手だと思うわ。 |
| ペドロ： | ありがとう。僕にチェスの仕方を教えてくれた人のことを、今まで君に話したことがあったかな。 |
| エレン： | してないと思うわ。 |
| ペドロ： | 彼が僕にすべてを教えてくれた人なんだ。彼の名前はアレックス。彼は誰もがチェスをしている大学に行ったんだ。 |
| エレン： | 面白いわね。彼って、あなたが私たちに話してくれたウェブサイトを持っている人のこと？ |
| ペドロ： | その通り、同じ人物さ。そのサイトには彼の最高の戦略が紹介されているんだ。 |

# Review Section

## Day 17

次の文のあとに続く表現を選んでみよう。

1. I'd like to buy some pens, paper, _____
2. We can either watch a movie at home _____
3. Doris wants to get a cat, _____

    (A) but her brother prefers dogs.
    (B) and a box of staples.
    (C) or go to a theater.

## Day 18

次の文を受動態に変えてみよう。

1. Did the guard set the alarm?
   → _____ the alarm _____ by the guard?
2. Nobody changed the code.
   → The code _____ _____ _____.

## Day 19

(　) 内の正しい語を選んで文を完成させてみよう。

1. Arthur isn't afraid of anything. He is ( fear / fearless / fearing ).
2. The pen is ( refill / refillable / refilling ). It's easy to add more ink.
3. Our ( supply / supplies / supplier ) is great. He's never late with shipments.

## Day 20

(　) 内の正しい語を選んで文を完成させてみよう。

1. Let me show you some items ( which / who ) are on sale.
2. The man ( who / whom ) lives across the street is a lawyer.
3. Do you know any places ( where / which ) I can get imported soap?

Review Section Day 17 ~ Day 20

## Day 17

1. B 私はペンと紙、それにステープルの針を1箱買いたい。
2. C 私たちは、家で映画を見てもいいし、映画館に行ってもいい。
3. A ドリスはネコを飼いたがっているが、彼女の兄[弟]は犬のほうが好みだ。

## Day 18

1. Was, set その警備員は警報をセットしましたか。
その警報は警備員によってセットされましたか。
2. was not changed 誰もそのコードを交換しなかった。
そのコードは交換されなかった。

## Day 19

1. fearless アーサーは何も怖くない。彼は怖いもの知らずだ。
2. refillable そのペンはインクの詰め替えができる。さらにインクを足すのが簡単だ。
3. supplier 私たちの仕入れ先はすばらしい。彼は決して出荷が遅れない。

## Day 20

1. which 特価になっているいくつかの商品をお見せしましょう。
2. who 通りの向かい側に住んでいる男性は弁護士だ。
3. where 輸入品の石けんが買える場所をどこか知りませんか。

# Day 21

## 副詞節

### 副詞節の役割を知ろう

1. 時を表す
2. 原因・理由を表す
3. ことがらを対比する

副詞節

# 1. 時を表す

**Time**

MP3 102

> She will go out **after the weather improves**.
> 彼女は天気が回復したあとで外出するつもりだ。

**Example**

I need to finish my homework **before I go anywhere**.
（私はどこかへ出かける前に宿題を終える必要がある。）

**Once she felt better**, Alice took a short swim.
（気分がよくなるとすぐに、アリスは少しだけ泳いだ。）

We will call you **after we arrive**.
（私たちは到着したあとで、あなたに電話をします。）

時間を表す接続詞のあとに主語と動詞を続けて、「…の前に」「…するとすぐに」「…のあとに」など、時を表す副詞節を作ることができる。

## 2. 原因・理由を表す

**Causal Relationships**

### Because there is only one bank machine, there is a line to use it.
銀行の機械が1台しかないので、それを使うための行列ができている。

**Example**

As it's raining, we should cancel the game.
（雨が降っているので、私たちは試合を中止すべきだ。）

Because the restaurant was full, we went back home and ate.
（そのレストランは満員だったので、私たちは家に帰って食事をした。）

I will attend the conference since it sounds interesting.
（面白そうに思えたので、私はその会議に出席するつもりだ。）

> あるできごとの原因や理由を表すため、as や because、since などの接続詞を使って「…だから」「…のため」という意味の副詞節を作ることができる。

副詞節

## 3. ことがらを対比する

**Contrast**

MP3 104

### She will buy the ring **even though it is expensive**.
高価だけれども、彼女はその指輪を買うつもりだ。

**Example**

**Although it's snowing**, I still want to go jogging.
(雪が降っているけれども、私はそれでもジョギングに出かけたい。)

We rented a boat **even though it was expensive**.
(高価だったけれども、私たちはボートを借りた。)

**Whereas Kumiko will stay home**, her brother will go camping.
(久美子は家にとどまる予定だが、彼女の兄[弟]はキャンプに出かけるだろう。)

although や even though、whereas など、ことがらを対比させる接続詞を使って、「…だけれども」「…にもかかわらず」という意味の副詞節を作ることができる。

Day 21

# イラストでイメージしてみよう！

イラストでイメージをふくらませながら英語を確認してみよう。

Step1 イラスト＋日本語 → Step2 英語 → Step3 CD

1. 彼女は自転車を乗り終えて、電話で話をするつもりだ。

2. 彼女は自転車に乗る前に電話で話をする。

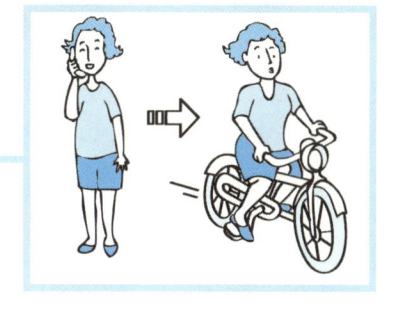

3. 彼女は自転車に乗っているのに、電話で話をしている。

**Answer**　MP3 105

1. **Now that she's finished bike riding**, she'll talk on the phone.
2. She talks on the phone **before she rides her bike**.
3. She's talking on the phone **even though she's riding her bike**.

副詞節

# 実際の使い方を覚えよう！　Lori　Steve

会話での使い方を具体的な場面を想像しながら練習してみよう。

Step 1 Read → Step 2 Listen → Step 3 Shadowing

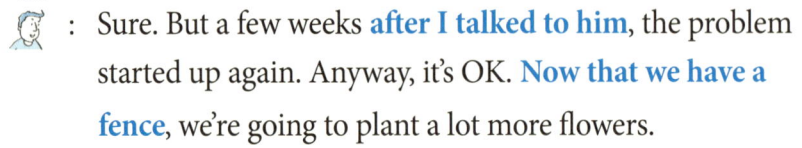

MP3 106

- : Why did you build a fence in front of your house?
- : I did it **because the neighbor's dog was coming over**. It was ruining our garden.
- : That's terrible. Did you try talking with your neighbor?
- : Sure. But a few weeks **after I talked to him**, the problem started up again. Anyway, it's OK. **Now that we have a fence**, we're going to plant a lot more flowers.
- : Now that's a positive attitude! I'd love to plant some flowers in front of my house. **Even though our yard is really small**, it might still be fun.
- : **Before you plant anything**, talk to my wife. She's an expert.

ローリ：　　あなたはなぜ家の正面にフェンスを作ったの。
スティーブ：そうしたのは、近所の犬がやってくるからなんです。その犬が庭を台無しにしていたんですよ。
ローリ：　　それはひどいわね。あなたは、そのご近所さんとは話し合おうとしたのかしら。
スティーブ：もちろん。でも、彼に話をした2, 3週間後には、また同じ問題が起こったのです。いずれにしても、もう大丈夫。フェンスがあるから、私たちはもっとたくさん花を植えるつもりなんです。
ローリ：　　まあ、それは前向きな態度だわ。私も家の前に花を植えたいと思っているのよ。私たちの庭はとても狭いけれど、それでも楽しいかもしれないわね。
スティーブ：何かを植えようとする前に、うちの妻と話すといいですよ。彼女は専門家だから。

# Day 22

## 仮定法

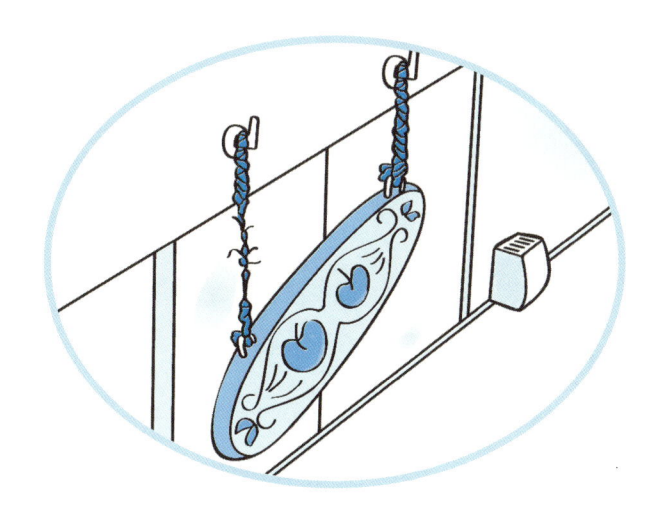

### 仮定法の役割を知ろう

1. 可能性の高いことを仮定する
2. 現在の事実に反することを仮定する
3. 過去の事実に反することを仮定する

仮定法

# 1. 可能性の高いことを仮定する

## Real/Possible Situations

MP3 107

**If** my stylist **is** available,
**I will get** a haircut tomorrow.

私のスタイリストの手が空いていれば、明日髪を切ってもらうつもりだ。

**Example**

**If** I **have** time, I **bake** cookies every Sunday.
(もし時間があれば、私は毎週日曜日にクッキーを焼く。)

**If** the wather **is** bad, we **will not go** hiking.
(天気が悪ければ、私たちはハイキングには行きません。)

We **will visit** the studio **if** we **have** a chance.
(機会があれば、私たちはそのスタジオを訪ねるつもりです。)

I **may pick up** some ice cream **if** the grocery store **is** open.
(その食料品店が開いていれば、私はアイスクリームを買うかもしれない。)

「もし…ならば…する」というように、ある条件とその結果を単純に述べる場合は、「If＋主語＋動詞の現在形、主語＋（助動詞）＋動詞の原形」という構文が使われる。

## 2. 現在の事実に反することを仮定する

**Unreal Situations in a Present Time Frame**

## If I were you, I would ask for a raise.
もし私があなただったら、昇給を要求するでしょう。

**Example**

She **would tell** you **if** she **knew**.
（もし彼女が知っていたら、あなたに教えるでしょう。）

I **would not** take the job **if** I **were** you.
（もし私があなただったら、その仕事は引き受けないでしょう。）

**If** it **were** possible, we **would retire and travel** around the world.
（もし可能ならば、私たちは引退して世界中を旅行するのに。）

---

現在の事実に反することを仮定して、「もし…ならば…するのに」と言うときは、if 節の中の時制を過去にし、結論部分は「主語 + would（could, might, should）+ 動詞の原形」を使って表現する。このとき、if 節の中に be 動詞が使われていたら、主語が I や it, he, her であっても were が使われることが多い。

仮定法

## 3. 過去の事実に反することを仮定する
### Unreal Situations in a Past Time Frame

🎧 109

**If** my father **had not brought** me here,
I **would never have come** by myself.

もし父が僕をここに連れてこなかったら、僕は1人では来なかっただろう。

Example

**If** you **had gone** to the party, you **could have met** Gary.
（もしあなたがそのパーティーに行っていたら、ゲアリーに会えたのに。）

**If** you **had asked** me for help, I **would have given** you some advice.
（もしあなたが私に助けを求めていたら、私は何かアドバイスをしたのに。）

> 過去の事実に反することを仮定して、「もし…だったら…したのに」と言うときは、if 節の中の時制を過去完了にし、結論部分は「主語 + would (could, might, should) + have + 動詞の過去完了形」を使う。

# Day 22

# イラストでイメージしてみよう！

イラストでイメージをふくらませながら英語を確認してみよう。

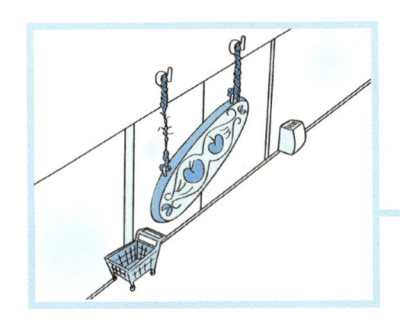

Step 1 イラスト＋日本語 → Step 2 英語 → Step 3 CD

1. もしロープが切れれば、その看板は下の地面に落ちるだろう。

2. もしそのハシゴがもう少し高ければ、その男性は看板に手が届くだろう。

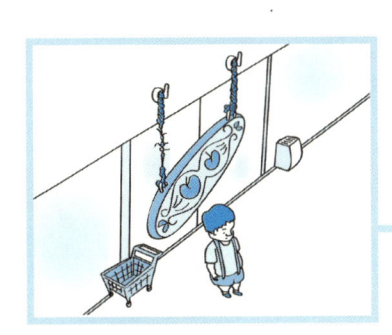

3. もしその看板が落ちていたら、その少年はケガをしたかもしれない。

---

**Answer**

1. **If** the rope **breaks**, the sign **will fall** onto the ground below.
2. **If** the ladder **were** taller, the man **could reach** the sign.
3. **If** the sign **had fallen**, the boy **might have been** hurt.

仮定法

# 実際の使い方を覚えよう！　Rica　Hideo

会話での使い方を具体的な場面を想像しながら練習してみよう。

Step 1 Read → Step 2 Listen → Step 3 Shadowing

MP3 111

- : Should I take the job in Okinawa or stay and look for one in Nagoya?
- : **If** I **were** you, I **would weigh** both sides. Then go with the choice that you're most comfortable with.
- : Right. Well, **if** the Okinawa company **pays** for a car or an apartment, I **will** probably **go** that way.
- : Is that your main consideration?
- : It's a big one. They aren't offering much of a salary. **If** the salary offer **were** higher, I **would** definitely **take** the job.
- : I was in a similar position a few years ago. I had a chance to work in Yokohama, but the benefits weren't very good. **If** they **had been** better, I **would have made** the move.

利香： 沖縄での仕事を引き受けるべきかしら、それとも名古屋にとどまって仕事を探すべきかしら。
秀夫： もし僕が君なら、両方を比較検討するだろう。そのあとで、最も満足できる選択肢を選ぶよ。
利香： そうね。それなら、沖縄の会社が車やアパートの費用を出してくれるのなら、たぶんそちらを選ぶわ。
秀夫： それが君の一番大きな関心事なのかい。
利香： それはとても大事よ。その会社はあまり高い給料を提示していないの。もし給料の提示額がもう少し高ければ、ぜったいにその仕事を選ぶのに。
秀夫： 数年前、僕もそれと同じような立場にいたよ。横浜で働くチャンスがあったけれど、待遇があまりよくなかったんだ。もう少しよい条件だったら、僕はそこに行っただろうね。

# Day 23

## 名詞節

### 名詞節の役割を知ろう

1. 目的語となる
2. 主語となる
3. 疑問文の中で使う

名詞節

# 1. 目的語となる

## As Objects

He is trying to figure out
**who made the sculpture**.
彼は誰がその彫刻作品を作ったのか突きとめようとしている。

Example

I know **what you mean**.
（あなたの言いたいことはわかっています。）

We found out **where the shop is**.
（私たちはその店がどこにあるのか見つけた。）

I'm not sure **when Frank will arrive**.
（私はフランクがいつ到着するのか確信がない。）

---

主語と動詞を備えた1つの文が、「…ということ」という意味を持ち、ひとかたまりの名詞のように取り扱われるものを名詞節という。そのため、名詞節は目的語として使うことができる。名詞節を作るときは、疑問詞や that、whether などの接続詞が使われ、節の中の語順は「主語 + 述語」となる。なお、この場合の that は省略されることもある。

# 2. 主語となる

As Subjects

## How we're going to arrive on time is an excellent question.

私たちがどうやって時間通りに到着するかは、とても難しい質問だ。

**Example**

**What my sister said** is true.
（私の姉［妹］が言ったことは本当です。）

**How he earned his money** remains a mystery.
（彼がどうやってお金を稼いだのかは、謎のままだ。）

**That the team lost** upsets me.
（チームが負けたことは、私を動揺させた。）

> 名詞節は、主語として使うこともできる。その場合、名詞節は常に単数として扱われる。

名詞節

## 3. 疑問文の中で使う

### Asking Questions

# Do you know **what material it is**?
それが何の素材なのか知っていますか。

**Example**

Do you know **when the fireworks start**?
（花火がいつ始まるのか知っていますか。）

Can you tell me **where the light bulbs are**?
（電球がどこにあるのか教えてもらえますか。）

Would you happen to know **who he is**?
（もしかして、彼が誰なのかご存知ですか。）

疑問詞で始まる名詞節は、疑問文の中で使って具体的な質問の内容を表すことができる。

Day 23

# イラストでイメージしてみよう！

イラストでイメージをふくらませながら英語を確認してみよう。

Step 1 イラスト＋日本語 → Step 2 英語 → Step 3 CD

1. 彼らは自分たちの車のキーがどこにあるのかわからない。

2. 彼はその機械が何なのか説明している。

3. 天気が悪いことは、彼らには気にならない。

Answer

1. They don't know **where their car keys are**.
2. He is explaining **what the machine is**.
3. **That the weather is bad** doesn't bother them.

名詞節

# 実際の使い方を覚えよう！  Abe    Ruth

会話での使い方を具体的な場面を想像しながら練習してみよう。

Step 1 Read → Step 2 Listen → Step 3 Shadowing

MP3  116

- : You're a camera expert. Can you show me **how this camera's video function works**?

- : Sure. First choose the image resolution … like so. You can also choose a mode, such as black and white. You can even shoot in slow motion.

- : Wow that's a lot to remember. **Why they make cameras so complicated** is a mystery.

- : Well, camera makers think **that people want a lot of functions**.

- : That's true. I really should look for a tutorial. Do you know **where I could find something like that**?

- : The Internet, for sure. I can show you one of the best sites. I'm not entirely sure **who runs it**. My guess is he's a professional photographer.

エイブ：君はカメラに詳しいよね。このカメラのビデオ機能はどういう仕組みになっているのか教えてくれるかい。
ルース：いいわよ。まず、画像の解像度を選んでね……こんなふうに。それからモノクロとかのモードを選ぶことができるわ。スローモーションでも撮影できるのよ。
エイブ：わあ、覚えることが多いなあ。どうしてカメラをこんなに複雑に作るんだろう。
ルース：そうね、カメラのメーカーはみんながいろいろな機能をほしがっていると考えているのよ。
エイブ：その通りだ。僕は本当に操作ガイドを探すべきだね。君はそうしたものがどこで見つかるか知っているかい。
ルース：インターネットにあるわよ、きっと。素晴らしいサイトの1つを見せてあげるわ。誰がそれを運営しているのか、はっきり知っているわけじゃないけど。私の想像では、彼はプロの写真家ね。

# Day 24

## 現在完了

### 現在完了の役割を知ろう

1. 過去の経験や完了した行為・出来事を表す
2. 過去から現在までの継続を表す
3. 現在完了の文でよく使われる副詞

現在完了

# 1. 過去の経験や完了した行為・出来事を表す

**Past Actions**

I **have received** the samples.
そのサンプルはもう受け取りました。

Example

I **have washed** all the dishes.
（私はすべてのお皿を洗い終えた。）

He **hasn't heard** the joke.
（彼はまだそのジョークを聞いていない。）

**Have** they **delivered** the new brochures yet?
（彼らは、その新しいパンフレットをもう届けたのですか。）

---

「…し終わった」「…したことがある」と、現在から見て過去の行為や出来事について述べるときは、現在完了形を使う。現在完了は、have (has) のあとに動詞の過去分詞を置いて作る。否定文は have (has) のあとに not を加えて作り、疑問文は文頭に Have (Has) を置いて作る。

## 2. 過去から現在までの継続を表す
### Duration

## She **has been** there more than 20 minutes.
彼女はそこに20分以上いる。

**Example**

Mike **has lived** in Kokura since 1997.
（マイクは1997年から小倉に住んでいる。）

I **haven't seen** him for three years.
（私は彼には3年間ほど会っていない。）

How long **have** you **been** here?
（あなたは、ここにどれくらいの期間いるのですか。）

「これまで…していた」と、過去のある時点から現在まで継続している行為や状態を表す場合にも、現在完了が使われる。その場合、since ...（…以来）や for ...（…の間）などの期間を示す語句が添えられることが多い。「これまでどれくらい？」と、期間を尋ねる場合は、疑問詞を使って How long have (has) ... ? のように尋ねる。

現在完了

## 3. 現在完了の文でよく使われる副詞

**Common Adverb Pairings**

MP3 119

# Have you **ever** played against this team?
あなたは、このチームとこれまでに対戦したことがありますか。

### Example

He has **already** left the office.
（彼はすでに会社を出ている。）

She has **never** been to Brazil.
（彼女はブラジルに一度も行ったことがない。）

Have you **ever** gone skydiving?
（あなたはこれまでにスカイダイビングをしたことがありますか。）

---

already（すでに）, never（一度も）, ever（これまでに）, just（たった今）, recently（最近）, often（しばしば）, seldom（めったに…ない）, since（それ以来）, certainly（間違いなく）など、現在完了とともによく使われて、その意味を補足する副詞がいくつかある。

Day 24

# イラストでイメージしてみよう！

イラストでイメージをふくらませながら英語を確認してみよう。

Step1 イラスト＋日本語 → Step2 英語 → Step3 CD

1. 彼らはロボットを組み立て始めていない。

2. 彼らはロボットの組み立てをほとんど終えた。

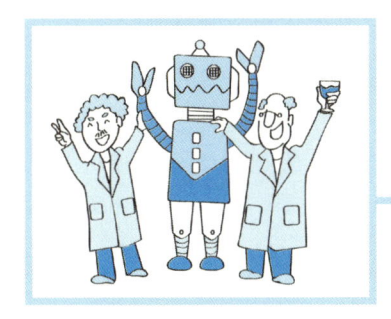

3. 彼らはロボットを組み立て終わった。

Answer

1. They **haven't started** building the robot.
2. They **have almost finished** building the robot.
3. They **have finished** building the robot.

現在完了

# 実際の使い方を覚えよう！　Jessica　Alan

会話での使い方を具体的な場面を想像しながら練習してみよう。

Step 1 Read → Step 2 Listen → Step 3 Shadowing

MP3 121

Jessica: Hi, my name is Jessica. I'm new to the building—to the area, actually.

Alan: Nice to meet you. I'm Alan. Where are you from originally?

Jessica: Baltimore. **Have** you **ever been** there?

Alan: Once—about 15 years ago. I'm a big Edgar Allen Poe fan. I went there to visit his house. But I **haven't had** a chance to go back yet.

Jessica: The city **has changed** a lot since you visited. Anyway, this looks like a nice building. How long **have** you **lived** here?

Alan: Oh, about five years. I think you'll like it. Everyone's very friendly.

Jessica: That's good to know.

ジェシカ：こんにちは。私はジェシカといいます。私はこの建物……実はこのあたりに来たのは初めてなんです。
アラン：　初めまして。僕はアランです。あなたのもともとの出身はどちらなんですか。
ジェシカ：ボルチモアです。あなたはそこに行ったことはありますか。
アラン：　一度だけ……15年くらい前にね。僕はエドガー・アラン・ポーの大ファンなんですよ。私がそこに行ったのは、彼の家を訪ねるためでした。でも、再び訪れるチャンスがまだないんですよ。
ジェシカ：あなたがいらしたときから、街はかなり変わっています。ところで、ここはすてきな建物のように見えますね。あなたはここにどれくらいお住まいですか。
アラン：　ああ、5年くらいです。あなたはここが気に入るでしょう。みなとても親切ですから。
ジェシカ：それを聞いて安心しました。

# Review Section

## Day 21

次の文のあとに続く表現を選んでみよう。

1. Once it was warm enough, _____
2. As we're buying a house, _____
3. I will book the plane ticket _____

    (A) we applied for a loan.
    (B) after the trip dates are set.
    (C) Sara went out for a walk.

## Day 22

( ) 内の正しい語を選んで文を完成させてみよう。

1. They will visit their cousin if there ( was / is ) time.
2. If I ( were / was ) you, I would listen to Mr. Lin's advice.
3. If the website ( goes / went ) down, our IT expert can fix it.

## Day 23

( ) に適切な語を入れて名詞節を作ってみよう。

1. A: Can you tell me (        ) the shift manager is?
   B: Sure, it's Mr. Nakamura. Do you need to talk to him?
2. A: (        ) they made changes to the schedule so late bothers me.
   B: I know (        ) you mean. The planning could be a lot better.

## Day 24

( ) 内の正しい語を選んで文を完成させてみよう。

1. Most of them ( has / have ) submitted their reports.
2. We have ( ever / never ) gone scuba diving.
3. The deadline ( already has / has already ) passed.

# Review Section Day 21 ~ Day 24

## Day 21

1. C　　気温が十分高くなるとすぐに、サラは散歩に出かけた。
2. A　　私たちは家を買おうとしているので、ローンの申し込みをした。
3. B　　旅行の日程が決まったら、飛行機のチケットを予約するつもりだ。

## Day 22

1. is　　　もし時間があれば、彼らはいとこを訪ねるだろう。
2. were　もし私があなただったら、リンさんのアドバイスに耳を傾けるでしょう。
3. goes　たとえそのウェブサイトがダウンしても、社内の IT 専門家がそれを修復するだろう。

## Day 23

1. A: who　　A: 誰がシフトマネージャーなのか教えてもらえますか。
　　　　　　B: ええ、それは中村さんです。彼と話をしたいのですか。
2. A: That　A: こんなに遅くなってから会社がスケジュールを変更したので、私は困っているんです。
　 B: what　B: あなたの言いたいことはわかります。計画の仕方は改善の余地があります。

## Day 24

1. have　　　　彼らのほとんどはレポートを提出した。
2. never　　　私たちはスキューバ・ダイビングをしたことが一度もない。
3. has already　その期限はすでに過ぎている。

## ● 著者プロフィール

### Andrew E. Bennett （アンドルー・ベネット）

アメリカ出身。カリフォルニア大学サンタクルーズ校で歴史学の学士号を、ハーバード大学で教育学の修士号を取得。1993年より英語教育に携わり、外国語としての英語を学ぶための教材開発を専門とするライターとして数多くの教室用教材と自習書を執筆。日本では、Reading Pass シリーズや Reading Fusion シリーズ、Grammar Plus などが、南雲堂より出版されている。どの教材にも、言語に対する著者の深い洞察と、彼自身がスペイン語、フランス語、ドイツ語、中国語、日本語を学ぶことで得られた知見が反映されている。彼が心がけていることは、英語学習教材を、実用性に富み、今の時代に即し、楽しんで学ぶことのできるものにすることである。

### 小宮　徹　（こみや　とおる）

ニューヨーク州立大学大学院修了（政治学専攻）。ソフトウェア開発会社、外資系のIT企業、数社の出版社勤務を経て、現在はフリーの編集者、ライターおよび翻訳者として活動中。

著作権法上、無断複写・複製は禁じられています。

---

# 英文法『イメトレ』
## Grammar Fitness

|  |  |  |
|---|---|---|
| | 2014年7月22日 | 1刷 |
| 著　者 — | アンドルー・ベネット | Andrew E. Bennett |
| | 小宮 徹 | Toru Komiya |
| 発行者 — | 南雲 一範 | |
| 発行所 — | 株式会社　南雲堂 | |
| | 〒162-0801　東京都新宿区山吹町361 | |
| | TEL　03-3268-2311（営業部） | |
| | TEL　03-3268-2387（編集部） | |
| | FAX　03-3269-2486（営業部） | |
| | 振替　00160-0-4686 | |

印刷所／日本ハイコム株式会社　　　製本所／松村製本所
イラスト／Irene Fu　　　　　　　　装丁／銀月堂
カバー写真撮影／松蔭 浩之

Printed in Japan　　　乱丁・落丁本はお取り替えいたします。
ISBN978-4-523-26524-5　　C0082　　　　　[1-524]

E-mail　　nanundo@post.email.ne.jp
URL　　　http://www.nanun-do.co.jp

大学英語テキストで大ヒットを飛ばし続ける教材開発の
カリスマ、A・ベネット氏渾身の2冊！

アンドル・ベネット 著
A5判　288ページ 定価(本体1,500円+税)

## ベネット先生の
イラスト付き
# 語源で一気にマスター英単語
＜接頭辞・接尾辞まとめ編＞

アンドル・ベネット 著
A5判　256ページ 定価(本体1,400円+税)

## ベネット先生の
イラスト付き
# 語源で一気にマスター英単語
＜語根まとめ編＞

● 音声フリーダウンロード付き ●

- ◉ 単語学習効果に定評のある語源中心の英単語集です。
- ◉ 学習効率向上のためのイラストを効果的に配置！
- ◉ 実績のあるネイティブによる例文の提示！
- ◉ 学習に便利な赤色暗記シート付き！

南雲堂